U0575809

高等职业教育骨干校建设物流专业规划教材（项目式）

物流管理基础认知实训

孙学农　主　编

殷雅荣　副主编

中国财富出版社

图书在版编目（CIP）数据

物流管理基础认知实训／孙学农主编．—北京：中国财富出版社，2014.6
（高等职业教育骨干校建设物流专业规划教材·项目式）
ISBN 978－7－5047－5169－0

Ⅰ.①物…　Ⅱ.①孙…　Ⅲ.①物流—物资管理—高等职业教育—教材　Ⅳ.①F252

中国版本图书馆 CIP 数据核字（2014）第 060360 号

策划编辑　马　军　　　　　　　　　　　责任印制　何崇杭
责任编辑　杨　璐　　　　　　　　　　　责任校对　梁　凡

出版发行　中国财富出版社（原中国物资出版社）
社　　址　北京市丰台区南四环西路 188 号 5 区 20 楼　　　邮政编码　100070
电　　话　010－52227568（发行部）　　　　010－52227588 转 307（总编室）
　　　　　010－68589540（读者服务部）　　010－52227588 转 305（质检部）
网　　址　http://www.cfpress.com.cn
经　　销　新华书店
印　　刷　北京京都六环印刷厂
书　　号　ISBN 978－7－5047－5169－0/F·2119
开　　本　787mm×1092mm　1/16　　　　　版　　次　2014 年 6 月第 1 版
印　　张　13.5　　　　　　　　　　　　　印　　次　2014 年 6 月第 1 次印刷
字　　数　280 千字　　　　　　　　　　　定　　价　27.00 元

版权所有·侵权必究·印装差错·负责调换

前　言

　　物流是一个跨越多种学科的边缘性学科，物流业是国民经济各产业的重要环节，物流运作的效率与效益是产业竞争力的重要体现。这就要求物流管理人员不但要熟悉物流业务运作和业务流程，而且要掌握物流管理技术、企业内物流以及向外延伸的整条供应链的管理等综合知识和技能。

　　高职院校承担着职业教育的重任，是以为生产、服务、管理培养高级实用人才为目的，强调的是"零距离"上岗。因此，作为高职物流专业的学生，必须在供应链管理的视角下对制造业、流通业、物流业的企业组织环境和企业物流运作有所认知，并掌握相关物流技能，以适应企业对物流人才的需求。

　　本教材以职业教育的学生为主要对象，根据高等职业教育的培养目标和教学改革的基于工作过程、工学结合及教、学、做一体化的要求，为适应项目式、任务式教学进行编写，是校企合作共同开发教材。既可以作为单独的实训教材使用，也可以作为物流管理岗位相关从业人员的培训教材。

　　本教材有对物流基本活动认知的基础性实训，还有对业务深入的综合实训，不同的使用者可以有侧重的选择。教材将物流管理基本活动分成十个项目，教学活动按照实训目的—课时安排—实训准备—实训设计—实训考核的路径推进实施。

　　本教材由孙学农任主编，殷雅荣任副主编，刘婧、董秀红参编。编写分工如下：孙学农编写项目一、项目三和项目四，殷雅荣编写项目二、项目七和项目八，董秀红编写项目五和项目九，刘婧编写项目六和项目十。全教材由孙学农总体策划、设计并最终定稿。感谢百世汇通唐鲱坤经理和青岛中远物流东营分公司刘增亮经理在本教材编写时给予的指导和帮助！

　　由于编者水平有限，本教材难免存在一定的不妥之处，恳请广大师生、同行专家提出宝贵的意见和建议，谢谢！

编　者

2014 年 3 月

目　录

项目一 认知物流公司

任务一 认知物流公司运营流程

一、实训目的

通过参观当地知名物流公司，掌握其发展历史、经营定位、企业文化、经营范围、部门设置、组织结构、所需要的设施与设备。另外，通过走访当地工商行政管理局，了解企业注册相关知识。通过以上工作，使学生掌握物流公司的成立和运营流程。

二、课时安排

4 课时

三、实训准备

1. 介绍物流及物流管理基本知识。

2. 提醒学生注意物流企业的类型以及构建过程中可能出现的问题，同时备有解决方案。

3. 根据任务量将学生分组，确定小组负责人（可由学生自己推荐）。

4. 提前联系相关合作企业或准备案例，并确定参观流程和注意事项。在参观过程中保障学生安全。

四、实训设计

第一步：熟悉物流管理相关知识

参观考查当地物流企业，走访当地工商行政管理局，了解企业注册相关知识。参观企业可选择以下类型：

（1）以运输为主营业务的企业，了解其经营范围、部门设置、组织结构以及所需设施与设备。

（2）以仓储为主营业务的企业，了解其经营范围、部门设置、组织结构以及所需设施与设备。

（3）以配送为主营业务的企业，了解其经营范围、部门设置、组织结构以及所需设施与设备。

（4）以快递为主营业务的企业，了解其经营范围、部门设置、组织结构以及所需设施与设备。

（5）以国际货运代理为主营业务的企业，了解其经营范围、部门设置、组织结构。

第二步：企业名称预先核准

预先核准有限责任公司（股份有限公司）名称应提交以下文件：

（1）企业名称预先核准申请表（向工商局申领）。

（2）全体投资人共同签署的企业名称预先核准申请书（原件）。申请书应当载明拟设立企业的名称（可以载明备选名称）、地址、业务范围、注册资本、投资人名称或者姓名及出资额等内容。投资人是自然人的，应在申请书上签字。签字应工整清晰。投资人是企业或其他法人的，应在申请书上盖章。印章应清晰。

（3）全体投资人签署的指定代表或者委托代理人的证明（原件）。代表或者代理人应是自然人投资人本人，或者企业、其他法人投资人的工作人员，或者具有企业登记代理资格的人员。

（4）代表或者代理人的资格证明。一般是指身份证复印件、工作证复印件。企业登记代理人员还应提交企业登记代理机构指派书、企业登记代理资格证书、加盖登记机关印章的企业登记代理机构营业执照复印件。

（5）全体投资人的资格证明。投资人是企业的，提交加盖登记机关印章的营业执照复印件。投资人是事业单位法人的，提交加盖本单位印章的编制部门批件复印件或者事业单位法人登记证书复印件。投资人是社会团体法人的，提交加盖本单位印章的社会团体法人登记证复印件。投资人是自然人的，提交身份证复印件。

（6）工商行政管理机关要求提交的其他文件。

第三步：公司登记注册

公司登记注册需要提供（但不限于）以下文件：

（1）企业名称预先核准申请表。

（2）全体股东签署的合作协议或公司章程。

（3）法定验资机构出具的验资报告。

（4）场地证明。

（5）股东资格证明等相关证件及复印件。

（6）法人代表及股东委托书。

（7）经营范围涉及前置许可项目的，应提交有关审批部门的批准文件（可选）。

（8）《企业秘书（联系人）登记表》（可选）。

（9）申请营业执照。

第四步：申请税务登记证

第五步：申请企业法人代码

五、实训考核

要求就本次实训内容完成实训报告一份，不少于 4000 字，报告应包含的内容及评分标准如表 1－1 所示：

表 1－1 　　　　　　　　　　任务一实训报告考核标准

	考核内容	内容标准	分值	得分
报告内容	所做的准备工作（知识点）	相关知识准备充分	20	
	公司成立的流程	对公司成立业务流程和表述清楚	30	
	公司日常行政事务	了解物流公司日常行政事务一般流程；具备一定的同政府有关部门沟通的能力；具有较高的逻辑思维能力，能够胜任公司内、外勤岗位工作	30	
	综合素质表现	实训过程中敬业精神、组织协调能力及团队合作精神等的表现	15	
格式	格式正确，排版美观		5	
总分			100	

任务二　认知物流公司部门基本职能

一、实训目的

通过实地考察本地知名物流公司的部门设置、基本职能、岗位设置、岗位能力、岗位职责等，总结出典型物流公司的部门设置及相应的基本职能、岗位设置、岗位能力及相应的工作职责。

二、课时安排

4 课时

三、实训准备

1. 介绍物流企业管理基本知识、物流典型业务流程及技能要点。

2. 提醒学生注意不同类型物流企业之间的区别与联系。

3. 介绍企业内部部门设置的原则，指导学生正确设置职能部门，准确描述岗位职责以及任职资格。

4. 联系相关物流合作企业，掌握部门设置程序及会议流程。

四、实训设计

第一步：分析公司典型工作任务

（1）分析运输型物流企业特征，确定典型工作任务。

（2）分析仓储型物流企业特征，确定典型工作任务。

（3）分析配送型物流企业特征，确定典型工作任务。

（4）分析快递型物流企业特征，确定典型工作任务。

（5）分析国际货运代理物流企业特征，确定典型工作任务。

（6）分析综合服务型物流企业特征，确定典型工作任务。

（7）确定本参观企业典型工作任务。

第二步：根据公司典型工作任务确定公司部门组成

第三步：根据工作任务进行部门内部岗位设置，确定部门负责人任职资格

第四步：制定公司业务流程

（1）召开第一次公司会议，主要内容包括：确定会议主题；确定参加会议的人员；确定会议议程；会址选择和会场布置（注意会议程序和会场安排）。

（2）部门负责人阐述部门业务内容。

（3）结合公司类型确定公司业务流程。

（4）根据公司业务流程确定典型工作岗位。

（5）根据典型工作岗位确定部门内部岗位设置。

（6）根据企业类型和典型工作任务重新确定公司部门组成。

第五步：根据公司部门组成确定各部门的工作任务和岗位职责

第六步：根据工作任务和岗位职责确定任职资格

五、实训考核

要求就本次实训内容完成实训报告一份，不少于 4000 字，报告应包含的内容及评分标准如表 1-2 所示：

表1-2 任务二实训报告考核标准

	考核内容	内容标准	分值	得分
报告内容	所做的准备工作（知识点）	相关知识准备充分	20	
	物流公司一般部门岗位设置任职资格	能够通过调查，了解物流公司一般部门岗位设置，以及该岗位的任职职责和任职资格	30	
	物流公司的岗位职责	总结所参观物流公司的岗位职责，能为模拟公司研究制定各岗位职责	30	
	综合素质表现	实训过程中敬业精神、组织协调能力及团队合作精神等的表现	15	
格式	格式正确，排版美观		5	
总分			100	

项目二　第三方物流流程认知

任务一　客户服务管理

一、实训目的

通过实地考察本地知名第三方物流公司，掌握其客户服务管理的流程以及客户服务管理的理念。

二、课时安排

4 课时

三、实训准备

1. 熟练掌握客户服务管理的基本知识和工作基本要求。

2. 明确本次任务的实训目的和要求。通过本次实训，能够熟悉物流客服基本知识和技能，理解物流客户服务的主要内容和特征，掌握物流客户服务策略、物流客户服务技巧、物流客户服务与关系管理以及物流客户信息服务等方面的专业技能，并逐步提高专业客服管理水平。

3. 提醒学生提前预习完成以下工作内容。

（1）负责客服部日常工作，做好客服部门团队建设及人员管理。

（2）客户信息的收集、反馈与处理。

（3）新业务的前期准备及沟通协调、接受客户的业务咨询。

（4）完成客户订单的处理，并与客户进行单证的沟通，完成物流方案制作。

（5）处理客户投诉及订单差错等业务操作意外事项问题，并及时将客户要求反馈至公司其他相关部门，对客户要求给出完善的解决方案。

（6）与客户及供货商建立良好合作关系。

4. 根据任务量及学生分组情况，确定由学生自己推选的团队负责人，并指导负责人为每一个学生进行分工。

5. 联系相关合作企业或组织相关案例。

四、实训设计

第一步：事前准备

（1）收集客户基本信息，了解客户物流需求。客户信息收集程序一般包括确定收集范围及目标，制订收集计划，选择收集方法，进行信息收集等。收集客户信息的方法可以粗略地分为现有资料分析法和实地调研法两大类，物流企业可以根据实际情况有选择地使用。

（2）设立沟通目标并制订沟通计划。第三方物流企业的服务项目对客户满意程度具有重要影响，这些服务是制订客户服务目标的基础，也是沟通计划的主要内容，包括缺货水平、订货信息、信息准确性、订货周期稳定性、特殊货运、交叉多点运输、订货的便利性、替代产品等。

（3）预测可能遇到的异议和争议。与客户制订的沟通计划及目标在实施过程中有可能遇到不可预知因素的影响，从而阻碍计划的进行，如订货断档、运输、仓储、配送、流通加工非效率化等。遇到争议时，物流公司应耐心与客户说明原因，争取尽快解决服务过程中出现的问题。

（4）沟通心理准备。通过对客户心理层面分析，理解客户心理需求，从心理角度把握与客户沟通的技巧，与客户达成共赢，掌握不同行为类型的客户心理，提高达成合作共识的比例。物流企业在与客户沟通前，应做好以下准备：

①了解客户的需求；

②掌握沟通的技巧；

③分析实际合作中遇到的问题；

④如何应对客户争议。

第二步：确认需求

（1）通过与客户进行沟通协调，确认客户的物流需求和目的。随着服务业态多样化的发展，客户的需求不可能千篇一律，制定多种物流服务组合十分必要。客户需求的确定除了要考虑客户类型外，还应考虑所经营的商品类型。例如，对于发展前景较好的产品，应积极采用较高水准的物流服务，推动产品销售；对于发展前景一般的产品，则要根据产品分析的结果，采取选择性服务。

（2）确认自己的服务能力与客户所要求的是否一致。确认自己的服务能力与客户所要求的是否一致，可以通过与顾客沟通、客户需求调查等手段，把握客户最强烈的需求，从而提高物流服务水平。物流服务水准的确定不能从供给方的要求出发，而应充分考虑需求方的要求，即从客户的要求出发，及时跟进需求，但要避免过剩服务的出现。

第三步：阐述观点

（1）向客户传达有关公司的基本情况、物流服务能力、服务质量以及服务效率等方面的信息。确定客户需求后，针对需求状况，向客户传达公司的相关服务状况。传达信息要准确，既要将公司的实际服务能力讲述到位，又不能夸大服务范围与能力。传达的基本情况包括：公司基本概况、物流服务能力、服务质量以及服务效率等方面。其中，公司的服务能力与服务效率作为重点阐述的对象，因为此项指标是考察物流服务行业的关键指标。

（2）表达合作愿望。物流企业在与客户沟通交流、洽谈业务之后，双方就服务项目、服务条款以及售后服务方面达成初步共识，物流企业应主动向客户表达合作意愿，从而促成合作。

第四步：处理异议

（1）处理对方持有异议的情况。客户对沟通过程中出现的问题提出异议，物流企业首先应该确定客户异议的重点，同时选择合适的处理方式，一般步骤如图 2-1 所示：

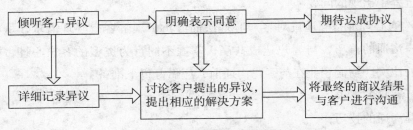

图 2-1　对方异议处理流程

①倾听客户的异议，在倾听的同时思考解答客户异议的最佳方法；

②如果对异议可以当场解决的，要明确表示可以按照客户的意愿去做；

③如不能立即对异议作出决定，应将异议详细记录下来；

④与相关负责人或者经理认真讨论客户提出的异议，并就该问题提出相应的解决方案；

⑤答复客户，将最终的商议结果与客户进行沟通，期待达成协议。

（2）处理自己不同意对方观点的异议情况。物流企业如果对客户提出的服务条款或某项具体的服务有争议，可以与客户进行磋商，一般步骤如图 2-2 所示：

①明确提出异议所在，但要以委婉的语言来表达；

②与客户解释不能达成协议的原因。表明不能达成的客观条件，比如成本太高、

图2-2 本方异议处理流程

替代产品不足等；

③如果客户坚持，可以表明如果按照协议可能给双方带来的不良影响；

④双方协商，期待达成协议。

第五步：达成协议

通过沟通与客户达成一致，在相互信任的基础上形成一个合作协议。协议中应包括物流公司系统化的服务：按交货期将所订货物适时而准确的交给客户；尽可能减少客户所需的订货断档；适当配置物流据点，提高配送效率，维持适当的库存；提高运输、保管、搬运、流通加工等作业的效率，实现省力化、合理化；保证订货、出货、配送的信息畅通无阻等。

第六步：退货处理

物流系统设计目标是将产品顺利地传递到客户手中，而一些非常性的操作尤其是客户退货的处理，其成本是很高的。公司一旦遇到退货情况，要严格按照退货流程办理，减少顾客的抱怨，同时尽可能保持低的退货成本。客户退货主要有两种原因：第一，因为送货问题导致客户不收货，如货物破损、送货延时、搞错品种等，在这种情况下，要主动与客户协商，如果处理不好，可能导致货主的投诉；第二，收货方引起的退货。无论遇到何种情况，都应该按照严格的退货流程。具体的退货流程如图2-3所示：

（1）收货方通知货主，说明退货的原因以及退货的具体要求。

（2）填写退货单证，单证上写明商品的品种、数量、退货日期等条目。

（3）安排运输工具，去发货方提货。

（4）依据退货清单上货品，当面清点商品数量与品种，双方签字。

（5）货物运回仓库，验货入库。

（6）退货明细汇总至货主，定期结算退货运费。

（7）实施二次配送。

第七步：共同实施

沟通后的合作协议意味着一项物流工作的开始，努力按照协议去实施物流业务。在刚开始实施合作协议时，要特别注意客户服务满意度以及投诉处理。服务质量关乎公司的信誉与发展，所有客户认为有疑问的都要给予书面记录和答复。要认真填写客户投诉调查表，对于客户投诉，客服主管要督促改进，客服人员要不定期回访，及时了解客户需求，提高服务质量。

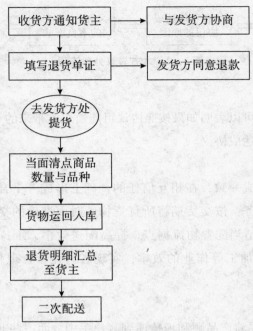

图 2-3　退货流程

五、实训考核

要求就本次实训内容完成实训报告一份，不少于 3000 字，报告应包含的内容及评分标准如表 2-1 所示：

表 2-1　　　　　　　　　　　　任务一实训报告考核标准

	考核内容	内容标准	分值	得分
报告内容	所做的准备工作（客户基本信息、沟通计划、预测异议类型）	相关工作准备充分	20	
	客户需求确认	和客户进行沟通，并确认客户需求	20	
	观点的阐述及异议处理	观点明确、恰当，异议处理得当	30	
	退货处理	退货处理流程完整、规范	10	
	综合素质表现	实训过程中敬业精神、组织协调能力及团队合作精神等的表现	15	
格式	格式正确，排版美观		5	
总分			100	

任务二　日常接单操作

一、实训目的

通过实地考察本地知名第三方物流公司，掌握其日常接单工作事宜，包括：接受订货、订单确认、建立客户档案和处理订单的工作内容。

二、课时安排

4 课时

三、实训准备

1. 熟练掌握日常接单操作的基本知识和日常接单工作基本要求。

2. 明确本次任务的实训目的和要求。通过本次实训，熟悉物流接单员的主要工作流程与工作内容，能够对订单的主要内容进行确认，并能熟练地对订单进行处理，掌握订单处理的策略与技巧。

3. 提醒学生提前预习完成以下工作内容。

（1）作好公司相关货品的表格化管理，保证公司货品有据可查。

（2）接受客户的订单并收集整理客户相关资料。

（3）接受订单后对订单的主要内容进行确认。

（4）根据客户订单以及库存对订单进行处理，并生成出货单据。

（5）收集各店面货物报表，进行数据核对，协助财务统计各店面及公司货品相关数据。

4. 根据任务量及学生分组情况，确定由学生自己推选的团队负责人，并指导负责人为每一个学生进行分工。

5. 联系相关合作企业或组织相关案例。

四、实训设计

第一步：接受订货

接受订单的方式主要有：

（1）客户通过传真或邮寄主动订货。客户将所需货物的资料整理成书面资料，利用传真机发给配送中心。或者客户将订货表单，或订货磁片、磁带邮寄给配送中心。

（2）业务员带回订单。业务员到各客户处推销产品，然后将订单带回公司。

第二步：订单确认

订单确认的过程中应着重注意以下6个方面：

（1）确认货物数量及日期。

①检查品名、数量、送货日期等是否有遗漏、笔误或不符合公司要求的情形。

②当送货时间有问题或出货时间已延迟时，更需与客户再次确认订单内容或更正运送时间。

（2）确认客户信用。检查客户的应收账款是否已超过其信用额度，具体可采取以下两种途径来核查客户信用的状况。

①输入客户代号或客户名称。系统检核客户的信用状况，若客户应收账款已超过其信用额度，系统加以警示，输入人员决定是继续输入其订货资料还是拒绝其订单。

②输入订购项目资料。当输入客户订购项目资料后，客户此次的订购金额加上以前累计的应收账款超过信用额度，系统应将此订单资料锁定，以便主管审核。

（3）确认订单形态。在接受订货业务上，表现为具有多种订单的交易形态，配送中心应对不同的订单形态采取不同的交易及处理方式。

①一般交易。接到一般交易订单后，将资料输入订单处理系统，按正常的订单处理程序处理，资料处理完后进行拣货、出货、发送、收款等作业。

②间接交易。接到间接交易订单后，将客户的出货资料传给供应商由其代配。

③合约式交易。接到合约式交易订单，应在约定的送货期间，将配送资料输入系统处理以便出货配送；或一开始便输入合约内容的订货资料并设定各批次送货时间，以便在约定日期系统自动产生所需的订单资料。

④寄库式交易。接到寄库式交易订单时，系统应检核客户是否确实有此项寄库商品。若有，则出此项商品，否则，应加以拒绝。

（4）确认订货价格。不同的客户、不同的订购量，有不同的价格，输入价格时系统应加以检核。若输入的价格不符（输入错误或因业务员降价强接单等），系统应加以锁定，以便主管审核。

（5）确认加工包装。客户对于订购的商品，是否有特殊的包装、分装或贴标等要求，或是有关赠品的包装等资料都要详细确认记录。

（6）设置订单号码。每一订单都要有其单独的订单号码，号码由控制单位或成本单位指定，除了便于计算成本外，可用于制造、配送等一切有关工作，且所有工作说明单及进度报告均应附此号码。表2-2是一客户订单示例。

表 2 - 2   ×××客户订单

No. ××××××

订货单位：×××食品超市					电话：××××××		
地址：×××市×××街×××号					订货日期：2010 年 3 月 18 日		
序号	品名	数量（箱）	重量（kg）	体积（cm^3）（长×宽×高）	单价（元）	总价（元）	备注
1	××柴鸡蛋	30	2.5	30×18×45	50	1500	
2	××奶茶	3					
3	××可乐	20					
4	×××方便面	10					
5	××纯牛奶	30					
⋮							

交货时间：2012 年 10 月 24 日下午 2：30 前

交货地点：

订单形态：□一般交易   □间接交易   □合约交易   □寄库交易   □其他

加工包装：

配送方式：□送货   □自提   □其他

客户信用：□一级   □二级   □三级   □四级   □五级

付款方式：

特殊要求：

制单：（签字）   审核：（签字）

第三步：建立客户档案

客户档案应包括如下内容：

（1）客户名称、代号、等级等，客户信用额度。

（2）客户销售付款及折扣率的条件。

（3）开发或负责此客户的业务员资料。

（4）客户配送区域，客户收账地址。

（5）客户点配送路径顺序。

（6）客户点适合的送货车辆形态。

（7）客户点卸货特性。

（8）客户配送要求。

（9）延迟订单（过了订货时间的订单）的处理方式（或办法）。

客户档案示例如表 2-3 所示：

表 2-3 客户档案

编制日期：		片区：		新客户标志：□业务员	
客户全称：			客户编号：		
单位详细地址：			客户等级：□普通级 　□重要级 　□战略级		
法人代表：			联系电话：		
送货地址：					
送货车辆形态：					
客户点卸货特性：					
客户配送要求：					
客户销售付款：			折扣率的条件：		
过期订单的处理方式：					
其他说明：					
企业规模			注册类型		
单位类型			隶属关系		
上年固定资产总值			上年总产值		
潜在购买力					
往年信用情况说明					
今年信用情况说明					
受信等级	□一级 　□二级 　□三级 　□四级 　□五级				
上年销售情况：			上年货款回笼情况：		
本年销售计划：			本年回款计划：		
与我公司合作历史：					
主要竞争对手：					
本年销售采取的方案说明：					
备注：					

第四步：处理订单

（1）存货查询及依订单分配存货。

①将客户订货商品名称、代号输入系统查对存货档的相关资料，看此商品是否缺货。

②如果缺货，则提供商品资料或是此缺货商品已采购但未有入库信息，便于接单人员与客户协调是否改订替代品或是允许延后出货等办法，以提高人员的接单率及接单处理效率。

③将订货资料汇总分类、调拨库存，以便后续的物流作业能有效地进行。

（2）计算拣取标准时间。订单处理人员计算每一个订单或每批订单可能花费的拣取时间，有计划地安排出货过程。

（3）依订单排定出货时间及拣货顺序。对于已分配存货的订单，安排出货时间及拣货先后顺序，通常依客户需求、拣取标准时间及内部工作负荷来拟定。

（4）分配后存货不足处理。若现有存货数量无法满足客户需求，客户又不愿以替代品替代时，则按照客户意愿与公司政策来决定处理方式。可以采取的方法有以下几种：重新调拨、补送、删除不足额订单、延迟交货、取消订单。

（5）订单资料处理输出。订单资料经由上述处理后，即可开始打印一些出货单据，包括：拣货单（出库单）、送货单、缺货资料等。

五、实训考核

要求就本次实训内容完成实训报告一份，不少于3000字，报告应包含的内容及评分标准如表2-4所示：

表2-4　　　　　　　　　**任务二实训报告考核标准**

	考核内容	内容标准	分值	得分
报告内容	所做的准备工作（基本信息）	相关工作准备充分	20	
	接受订单和确认订单	熟练掌握接受订单和确认订单的内容和流程	20	
	建立客户档案	客户档案建立合理、清楚	20	
	处理订单	熟练掌握订单处理过程	20	
	综合素质表现	实训过程中敬业精神、组织协调能力及团队合作精神等的表现	15	
格式	格式正确，排版美观		5	
总分			100	

任务三　日常调度操作

一、实训目的

通过实地考察本地知名第三方物流公司，掌握其在日常调度工作中的主要事宜，包括：车辆的合理配置及其跟踪的工作内容。

二、课时安排

4 课时

三、实训准备

1. 熟练掌握日常调度操作的基础知识和工作基本要求。

2. 明确本次任务的实训目的和要求。通过本次实训，熟悉调度员的工作内容与工作流程，能够熟练地根据工作任务需要，合理配置车辆，对车辆配送效率进行跟踪和监控，并能具备初步提供最优化路线的建议的能力。

3. 提醒学生提前预习完成以下工作内容。

（1）根据工作任务需要，合理配置车辆，并提供最优化路线的建议。

（2）对车辆配送效率进行跟踪和监控。

4. 根据任务量及学生分组情况，确定由学生自己推选的团队负责人，并指导负责人为每一个学生进行分工。

5. 联系相关合作企业或组织相关案例。

四、实训设计

第一步：合理配置车辆

（1）车辆调度。

①根据配送计划所确定的配送货物数量、特性、服务客户地址、送货路线、行驶趟次等计划内容，指派车辆与装卸、运送人员。

②下达运送作业指示和车辆配载方案，安排具体的装车与送货任务。

③将发货明细单交给送货人员或司机。

④当送货人员接到出车指示后，将车辆开到指定的装货地点，然后与保管、出货人员清点分拣配组好的货物。

⑤由装卸人员将已理货完毕的商品配载上车。

⑥送货人员根据调度人员的送货指示——出车调派单的运送顺序来执行送货作业。出车调派单，如表 2－5 所示：

表 2－5　　　　　　　　　　　出车调派单

序号	客户	品名	规格	数量	配送时间	配送地点	运输车辆	司机	负责人	备注
1										
2										
3										
4										
⋮										

制表人：　　　　　　　　　　　　　　　　　　调度经理：

（2）车辆配装。由于配送货物种类、特性各不相同，为了提高送货的效率，确保货物质量，必须对特性差异大的货物进行分类，采取不同的送货方式和运输工具。同时，配送的货物有轻重缓急，必需确定什么货物可以装载在同一车辆，从而做好车辆的初步配装工作。

确定配装初步的工作流程：

①对特性差异大的货物进行分类，并分别确定不同的运送方式和运输工具。

②初步确定哪些货物可配于同一辆车，哪些货物不能配于同一辆车，以做好车辆的初步配装工作。

③按订单标明到达地点、用户名称、运送时间、商品明细等。

④按流向、流量、距离将各类商品进行车辆配载。

（3）装车。

①装车顺序或运送批次先后按用户要求的时间先后进行，但对同一车辆共送的货物装车则要将货物依"后送先装"的顺序。

②考虑有效利用车辆的空间，还要根据货物的性质（怕震、怕压、怕撞、怕湿）、形状、体积及重量等，做出弹性调整，如轻货应放在重货上面，包装强度差的应放在包装强度好的上面，易滚动的卷状、桶状货物要垂直摆放等。

③按照货物的性质、形状、重量体积等来具体决定货物的装卸方法。

第二步：跟踪管理

（1）运送。根据配送计划所确定的最优路线，在规定的时间及时准确地将货物运送到客户手中，在运送过程中要注意加强运输车辆的考核与管理。

（2）送达服务与交割。

①当货物送达要货地点后，送货人员协助收货单位将货品卸下车，放到指定位置。

②与收货人员一起清点货物，做好送货完成确认工作（送货签收回单）。

③如果有退货、调货的要求，则应随车带回退、调商品，并完成有关单证手续。

（3）费用结算。配送部门的车辆按指定的计划到达客户完成配送工作后，即通知财务部门进行费用结算。

五、实训考核

要求就本次实训内容完成实训报告一份，不少于 3000 字，报告应包含的内容及评分标准如表 2-6 所示：

表 2-6　　　　　　　　　　任务三实训报告考核标准

	考核内容	内容标准	分值	得分
报告内容	所做的准备工作（基础知识、基本信息）	相关工作准备充分	20	
	车辆的合理配置	合理调度车辆和装配车辆	30	
	跟踪管理	对车辆进行跟踪，从而更好的控制车辆	30	
	综合素质表现	实训过程中敬业精神、组织协调能力及团队合作精神等的表现	15	
格式	格式正确，排版美观		5	
总分			100	

项目三　物流环节认知

任务一　采购物流运作流程

一、实训目的

通过对物流采购软件的模拟，使学生深入了解采购入库理念，掌握制定采购订单的方法、采购入库的模式，并熟练掌握采购入库的具体操作流程。

二、课时安排

4 课时

三、实训准备

1. 提前检查实训室网络连接是否畅通，以及系统运行状态是否正常。

2. 添加必需的基础数据，设置好软件使用状态。

3. 介绍软件使用的方法，使学生明确对软件的操作。给学生分组，并分配相应的账号。

4. 介绍采购物流的运作流程，介绍软件涉及的主要内容，并指出难点，使学生对软件有初步的了解。

四、实训设计

采购管理实训包含了物流公司从物料采购到入库及仓库管理的一系列过程（以中海 2000 供应链模拟系统——采购管理模块为例）。

1. 采购计划

左边菜单栏单击【采购管理】→【采购计划】，出现如图 3－1 所示活动页面。

图 3－1　采购计划单

（1）单击【新增】，跳转至下一页面，此页面列出了满足做采购计划的每个时间段，如图3-2所示：

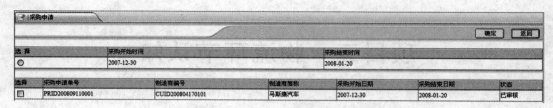

图3-2　采购申请单目录表

（2）选择一个时间段，页面下方列表会列出该时间段内的采购申请单，选择欲做采购计划的采购申请单，单击【确定】，跳转至下一页面，此页面列出了所选择采购申请单的物料采购明细，如图3-3所示：

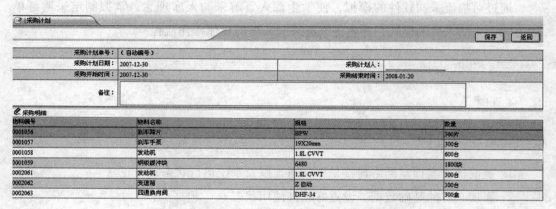

图3-3　采购计划页面

（3）按照事先准备好的数据，对应填写各输入项，单击【保存】，返回跳转至上一页面，采购计划单生成完毕，生成的采购计划单流动至采购申请环节。

2. 采购申请

左边菜单栏单击【采购管理】→【采购申请】，出现如图3-4所示活动页面。

图3-4　采购申请单

（1）选择刚才在采购计划环节生成的采购计划单，单击【生成订单】，跳转至下一页面，此页面列出了该采购计划单对应的物料明细，如图3-5所示：

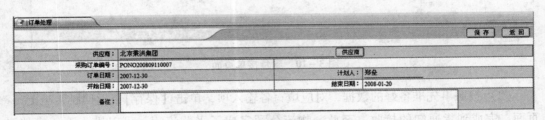

图 3-5 生成采购订单页面

（2）单击【确定】，生成采购订单。生成的采购订单备下一环节——订单处理环节操作。

3. 订单处理

左边菜单栏单击【采购管理】→【订单处理】，出现如图 3-6 所示活动页面。

图 3-6 订单处理汇总表

（1）选择采购订单，单击【订单处理】，跳转至下一页面，此页面内物流公司可以为所需物料挑选满意的供应商，如图 3-7 所示：

图 3-7 订单处理界面

（2）按照事先准备好的数据，对应填写各输入项，单击【保存】，返回跳转至上一页面，供应商选择成功，再选择刚才选择供应商的采购订单，单击【审核】，完成订单处理，采购订单进入订单发送环节，物流公司需要将订单发送给对应供应商。

4. 订单发送

左边菜单栏单击【采购管理】→【订单发送】，选择采购订单，单击【订单发送】，如图 3-8 所示：

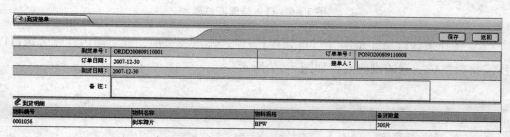

图 3-8　订单发送页面

5. 采购到货

左边菜单栏单击【采购管理】→【采购到货】，出现如图 3-9 所示活动页面。

图 3-9　到货通知单

（1）选择到货通知单，单击【到货接单】，跳转至下一页面，如图 3-10 所示：

图 3-10　到货接单页面

（2）按照事先准备好的数据，对应填写各输入项，单击【保存】，返回跳转至上一页面，完成到货通知的接收。至此，物流公司完成了采购流程，可以进入下一模块，进行配送计划。

6. 配送指令

左边菜单栏单击【配送计划】→【配送指令】，出现如图 3-11 所示活动页面。

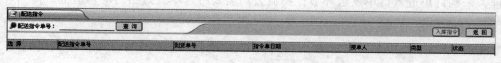

图 3-11　配送指令页面

选择一条配送指令单，单击【入库指令】，配送指令单进入入库管理模块，进入入库管理流程。

7. 入库指令

左边菜单栏单击【入库管理】→【入库指令】，出现如图 3-12 所示活动页面。

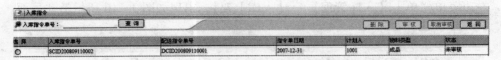

图 3-12　入库指令页面

选择一条入库指令单，单击【审核】，完成对入库指令单的审核确认；审核后的入库指令单会进入装卸验货环节，等待装卸验货。

8. 装卸验货

左边菜单栏单击【入库管理】→【装卸验货】，出现如图 3-13 所示活动页面。

图 3-13　装卸验货汇总表

（1）选择一条入库指令单，单击【装卸验货】，跳转至下一页面，如图 3-14 所示：

图 3-14　装卸验货页面

（2）按照事先准备好的数据，对应填写各输入项，单击【保存】，返回跳转至前一页面，即完成装卸验货操作；再选择刚才装卸验货完毕的入库指令单，单击【验货完成】，如图 3-15 所示，即完成了对装卸验货的确认。此时，入库指令单进入入库上架环节，等待入库上架的操作。

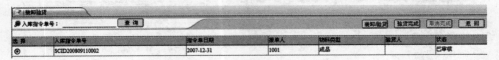

图 3-15　验货完成页面

9. 入库上架

入库上架分为自动上架和手动上架两种方式。自动上架有多种策略，例如：按物料唯一性上架，按供应商上架，按物料类别上架等策略。用户可以选择任一方式对物品进行上架操作。

左边菜单栏单击【入库管理】→【入库上架】，出现如图3-16所示活动页面。

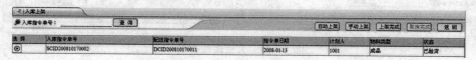

图 3-16 查找入库指令单页面

（1）自动上架。选择一条入库指令单，单击【自动上架】，跳转至下一页面，如图3-17所示：

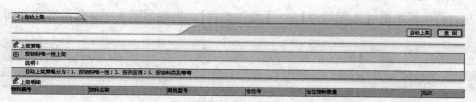

图 3-17 自动上架页面

单击【自动上架】，按选中策略进行自动上架，上架结束后，已上架物料的明细会列于页面下方，单击【返回】，返回跳转至入库上架主页面；选择刚才上架结束的入库指令单，单击【上架完成】，对入库上架进行审核确认。

（2）手动上架。在图3-16所示页面选择一条入库指令单，单击【手动上架】，跳转至下一页面，如图3-18所示：

图 3-18 入库上架页面

单击欲上架的货物后的"上架"链接，跳转至仓库列表页面，如图3-19所示：

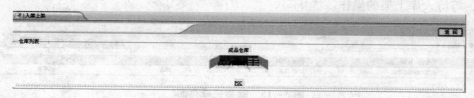

图 3-19 仓库列表页面

选择仓库，单击仓库图标，跳转至仓库区域列表页面，如图 3 - 20 所示：此页面列出了所选择仓库下属的所有仓库区域。

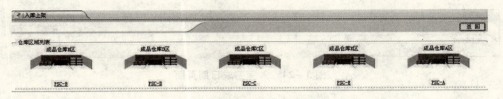

图 3 - 20 仓库区域列表页面

选择一个仓库区域，单击仓库区域图标，跳转至下一页面，如图 3 - 21 所示：此页面列出了所选择仓库区域下属的所有的仓位。

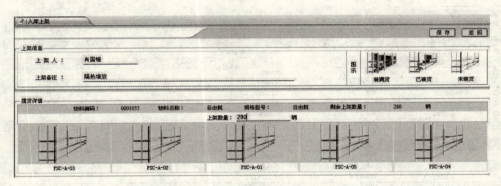

图 3 - 21 仓位示意

按照事先准备好的数据，对应填写各输入项，选择仓位，单击【保存】，返回跳转至前一页面，即完成上架操作。返回至入库上架主页面，如图 3 - 22 所示，选择刚才上架结束的入库指令单，单击【上架完成】，对上架进行审核确认。

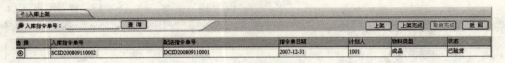

图 3 - 22 上架完成页面

10. 入库完成

左边菜单栏单击【入库管理】→【入库完成】，出现如图 3 - 23 所示活动页面。

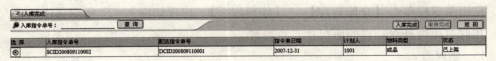

图 3 - 23 入库完成页面

（1）选择刚才在入库上架环节完成的入库指令单，单击【入库完成】，跳转至下一页面，如图 3 - 24 所示，在此页面用户可置入库指令单的入库完成日期。

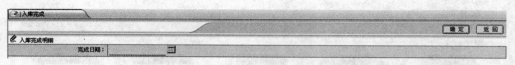

图 3 - 24　入库完成日期页面

（2）至此，入库管理流程结束，可查看物料的仓库管理实况。

11. ABC 物料控制

左边菜单栏单击【仓库管理】→【ABC 物料控制】，出现如图 3 - 25 所示页面。

选 择	物料编码	物料名称	规格型号	ABC 类别
○	0001002	CPU	ARM 11 主频369 MHz	A
○	0001004	数据线	DKE-2	A
○	0000005	光驱	COMBO	A
○	0000004	芯片组	Intel 945 PM	A
○	0000007	硬盘	SATA 120G	A
○	0000011	电池	6芯锂离子	A
○	0000010	显示芯片	Nvidia Geforce 7300	b
○	0000009	调制解调器	56K Fax	b
○	0000008	网卡	10-100M自适应	b
○	0000006	无线网卡	Intel 3945ABG 802.11a	b
○	0000003	内存条	Kingston 1GB DDR2(533)	b
○	0001003	内存	35MB	b
○	0002003	液晶显示器	2.4" LTPS TFT	b
○	0002004	电池	NB-4L	b
○	0002002	感光元件	1/2.5 Panasonic CCD	c

图 3 - 25　ABC 物料控制页面

（1）选择物料，单击【ABC 控制】，跳转至下一页面，如图 3 - 26 所示：

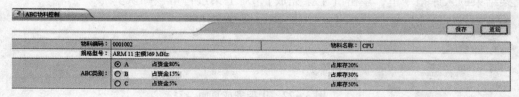

图 3 - 26　ABC 物流控制页面

（2）选择类别，单击【保存】，返回跳转至前一页面，即完成了 ABC 分类。

12. 物料库存

左边菜单栏单击【仓库管理】→【物料库存】，出现如图 3 - 27 所示页面。

在此页面可查看物料的库存状态及数量。

13. 物料盘点

左边菜单栏单击【仓库管理】→【物料盘点】，出现如图 3 - 28 所示活动页面。

物料编码	物料名称	规格型号	在途库存	仓库库存
0002004	电池	NB-4L	150 块	150 块
0002003	液晶显示器	2.4" LTPS TFT	150 台	150 台
0002002	感光元件	1/2.5 Panasonic CCD	150 盒	150 盒
0001005	锂电池	890mAh	150 块	150 块
0001004	数据线	DKE-2	150 条	150 条
0001003	内存	35MB	150 盒	450 条
0001002	CPU	ARM 11 主频369 MHz	150 盒	150 盒
0000012	处理器	Intel Core 2 Duo T5500	600 盒	300 盒
0000011	电池	6芯锂离子	600 块	300 块
0000010	显示芯片	Nvidia Geforce 7300	600 张	300 张
0000009	调制解调器	56K Fax	840 台	60 台
0000008	网卡	10-100M自适应	300 张	600 张
0000007	硬盘	SATA 120G	300 个	600 个
0000006	无线网卡	Intel 3945ABG 802.11a	150 张	450 张
0000005	光驱	COMBO	600 盒	300 盒

图 3 - 27 物料库存查询页面

图 3 - 28 物料盘点单查询页面

（1）单击【新增】，跳转至下一页面，如图 3 - 29 所示：

选择	物料编码	物料名称	规格型号	ABC类别
☐	0000003	内存条	Kingston 1GB DDR2(533)	b
☐	0000004	芯片组	Intel 945 PM	A
☐	0000005	光驱	COMBO	A
☐	0000006	无线网卡	Intel 3945ABG 802.11a	b
☐	0000007	硬盘	SATA 120G	A
☐	0000008	网卡	10-100M自适应	b
☐	0000009	调制解调器	56K Fax	b
☐	0000010	显示芯片	Nvidia Geforce 7300	b
☐	0000011	电池	6芯锂离子	A
☐	0000012	处理器	Intel Core 2 Duo T5500	C
☐	0001002	CPU	ARM 11 主频369 MHz	A
☐	0001003	内存	35MB	b
☐	0001004	数据线	DKE-2	A
☐	0001005	锂电池	890mAh	C
☐	0002002	感光元件	1/2.5 Panasonic CCD	C

图 3 - 29 新增物料盘点页面

（2）选择物料，单击【确定】，跳转至下一页面，如图 3 - 30 所示：

盘点单号：	（自动编号）			盘点日期：	
盘点人：				合计：	
地址：					
备注：					

盘点明细

物料编码	物料名称	规格型号	库存数量	实盘数量	盈亏数量	盘点备注
0000004	芯片组	Intel 945 PM	300盒	0 盒	盒	
0000004	芯片组	Intel 945 PM	300盒	0 盒	盒	
0000003	内存条	Kingston 1GB DDR2(533)	450条	0 条	条	
0000003	内存条	Kingston 1GB DDR2(533)	150条	0 条	条	

图 3 - 30 编辑物流盘点页面

（3）按照事先准备好的数据，对应填写各输入项，单击【保存】，返回跳转至前一页面，即完成了一次盘点，物料盘点主页面生成一张盘点单。

五、实训考核

模拟软件会对每个账号自动生成实训报告一份，由教师端收集并保存实训报告，对实训报告进行考核所依据的标准如表3-1所示：

表3-1　　　　　　　　　　　　任务一实训报告考核标准

	考核内容	内容标准	分值	得分
报告内容	采购物流流程	流程是否完整	25	
	相关单据填写	单据填写是否准确、翔实	30	
	添加或分类信息	所添加或分类的信息是否合理	25	
	综合素质表现	实训过程中敬业精神、组织协调能力及团队合作精神等的表现	15	
格式	格式正确，排版美观		5	
总分			100	

任务二　生产物流运作流程认知

一、实训目的

通过对生产物流软件的模拟，使学生深入了解生产物流的工作理念，掌握下生产订单、生产收料、成品检验及入库的流程，从而培养学生熟练操作生产物流的能力。

二、课时安排

4 课时

三、实训准备

1. 提前检查实训室网络连接是否畅通，以及系统运行状态是否正常。

2. 添加必需的基础数据，设置好软件使用状态。

3. 介绍软件使用的方法，使学生明确对软件的操作。给学生分组，并分配相应的账号。

4. 介绍生产物流的运作流程，介绍软件涉及的主要内容，并指出难点，使学生对软件有初步的了解。

四、实训设计

生产物流管理实训包括物流公司包含了物料从采购到入库及仓库管理的一系列过程。(以中海 2000 供应链模拟系统——生产物流管理模块为例)

1. 生产订单

生产订单是由需求计划模块的 MRP 物料需求运算环节产生，这里只做浏览和查询。如图 3-31 所示：

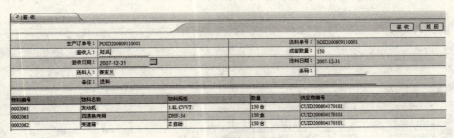

图 3-31 生产订单查询页面

2. 生产收料

送料单查询如图 3-32 所示页面。

图 3-32 送料单查询页面

(1)在图 3-32 所示页面选择生产订单，单击【收料】，跳转到收料编辑页面，如图 3-33 所示：

图 3-33 收料页面

(2)收料操作成功后，送料单状态为"正在收料"或是"收料结束"，具体状态与"后续送料状况"紧密联系。

本系统对送料单的收料操作可分以下几种情况：

①一次完成生产订单对应所有送料单的收料操作。

②分批次完成生产订单对应所有送料单的收料操作。

③只完成部分生产订单对应部分送料单的收料操作。

3. 成品检验

（1）在生产管理的成品检验页面列出了当前实验中，系统所有可以进行报检操作的生产订单。用户可以按生产订单对产品进行报检，如图 3－34 所示：

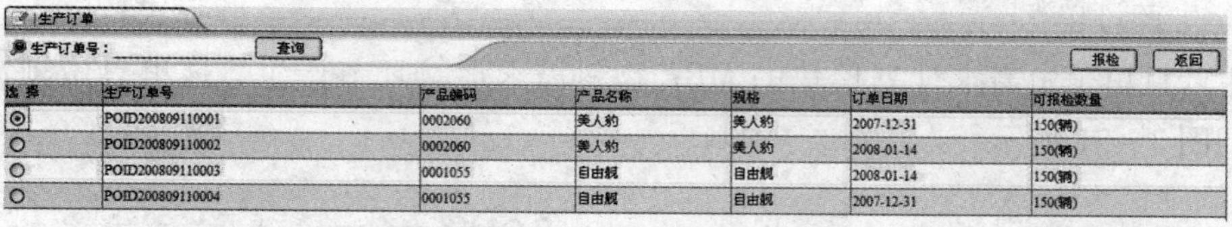

|生产订单

生产订单号： 查询 报检 返回

选择	生产订单号	产品编码	产品名称	规格	订单日期	可报检数量
◉	POID200809110001	0002060	美人豹	美人豹	2007-12-31	150(辆)
○	POID200809110002	0002060	美人豹	美人豹	2008-01-14	150(辆)
○	POID200809110003	0001055	自由舰	自由舰	2008-01-14	150(辆)
○	POID200809110004	0001055	自由舰	自由舰	2007-12-31	150(辆)

图 3－34　生产订单列表

（2）每个生产订单对应的报检单的填写页面如图 3－35 所示：

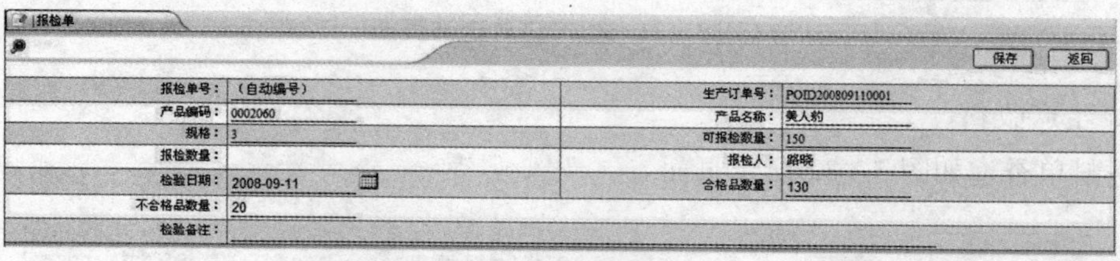

|报检单

保存 返回

报检单号：	（自动编号）	生产订单号：	POID200809110001
产品编码：	0002060	产品名称：	美人豹
规格：	3	可报检数量：	150
报检数量：		报检人：	路晓
检验日期：	2008-09-11	合格品数量：	130
不合格品数量：	20		
检验备注：			

图 3－35　报检单填写页面

（3）报检操作成功后，系统会生成一张与生产订单对应的报检单；一张生产订单可对应多张报检单。

（4）完成对该报检单的审核操作。

4. 生产完成

进入【生产管理】中的【订单完成】页面，出现如图 3－36 所示活动页面。

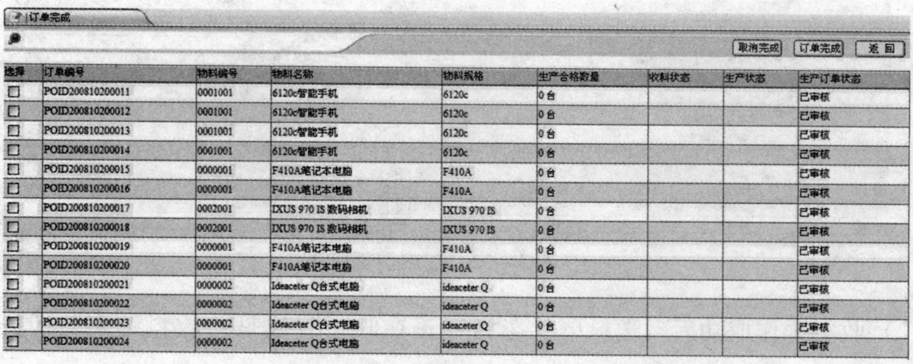

|订单完成

取消完成 订单完成 返回

选择	订单编号	物料编号	物料名称	物料规格	生产合格数量	收料状态	生产状态	生产订单状态
☐	POID200810200011	0001001	6120c智能手机	6120c	0 台			已审核
☐	POID200810200012	0001001	6120c智能手机	6120c	0 台			已审核
☐	POID200810200013	0001001	6120c智能手机	6120c	0 台			已审核
☐	POID200810200014	0001001	6120c智能手机	6120c	0 台			已审核
☐	POID200810200015	0000001	F410A笔记本电脑	F410A	0 台			已审核
☐	POID200810200016	0000001	F410A笔记本电脑	F410A	0 台			已审核
☐	POID200810200017	0002001	IXUS 970 IS 数码相机	IXUS 970 IS	0 台			已审核
☐	POID200810200018	0002001	IXUS 970 IS 数码相机	IXUS 970 IS	0 台			已审核
☐	POID200810200019	0000001	F410A笔记本电脑	F410A	0 台			已审核
☐	POID200810200020	0000001	F410A笔记本电脑	F410A	0 台			已审核
☐	POID200810200021	0000002	Ideaceter Q台式电脑	ideaceter Q	0 台			已审核
☐	POID200810200022	0000002	Ideaceter Q台式电脑	ideaceter Q	0 台			已审核
☐	POID200810200023	0000002	Ideaceter Q台式电脑	ideaceter Q	0 台			已审核
☐	POID200810200024	0000002	Ideaceter Q台式电脑	ideaceter Q	0 台			已审核

图 3－36　订单完成选择页面

生产订单能够进行订单完成操作须满足下列条件：

（1）物流公司对该生产订单无未送货完毕的送料单。

（2）收料数量与报检数量相等。

本系统订单完成采用批量完成模式，并且生产收料后没有经过成品检验的生产订单也可以强制生产完成。

单击【订单完成】，生产订单的"生产状态"被置为"生产完成"，生产订单"生产订单状态"变更为"订单完成"，订单完成操作成功，如图 3 – 37 所示：

选择	订单编号	物料编号	物料名称	物料规格	生产合格数量	收料状态	生产状态	生产订单状态
☑	POID200809110001	0002060	美人豹	美人豹	140 辆	收料结束		已审核
☑	POID200809110002	0002060	美人豹	美人豹	140 辆	收料结束		已审核
☑	POID200809110003	0001055	自由舰	自由舰	140 辆	收料结束		已审核
☑	POID200809110004	0001055	自由舰	自由舰	140 辆	收料结束		已审核

图 3 – 37　订单完成页面

订单完成操作成功的一批订单会对应生成一张入库通知单，供成品入库环节使用。

5. 成品入库

成品入库页面如图 3 – 38 所示：

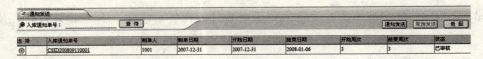

选择	入库通知单号	制单人	制单日期	开始日期	结束日期	开始周次	结束周次	状态
◉	CSID200809110001	1001	2007-12-31	2007-12-31	2008-01-06	3	3	已审核

图 3 – 38　成品入库页面

选择刚才订单完成操作生成入库通知单，单击【通知发送】，即可以发送该入库通知单给物流公司。入库通知单包含了所有这批生产订单与入库有关的信息。入库通知单将发送给物流公司。

五、实训考核

模拟软件会对每个账号自动生成实训报告一份，由教师端收集并保存实训报告，对实训报告进行考核所依据的标准如表 3 – 2 所示：

表 3 – 2　　　　　　　　　　任务二实训报告考核标准

	考核内容	内容标准	分值	得分
报告内容	生产物流流程	流程是否完整	25	
	相关单据填写	单据填写是否准确、翔实	30	
	添加或分类信息	所添加或分类的信息是否合理	25	
	综合素质表现	实训过程中敬业精神、组织协调能力及团队合作精神等的表现	15	
格式	格式正确，排版美观		5	
总分			100	

任务三　企业出入库工作认知

一、实训目的

通过对库存管理软件中出入库模块的模拟，使学生深入了解企业出入库工作的思路，并掌握出库和入库的管理、分拣过程和库存盘点的具体操作流程，以及出入库单据的填写。

二、课时安排

4 课时

三、实训准备

1. 提前检查实训室网络连接是否畅通，以及系统运行状态是否正常。

2. 添加必需的基础数据，设置好软件使用状态。

3. 介绍软件使用的方法，使学生明确对软件的操作。给学生分组，并分配相应的账号。

4. 介绍库存管理的流程和出入库的方法等知识点，并介绍软件涉及的主要内容和需要注意的问题，使学生对本软件有初步的了解。

四、实训设计

企业出入库管理实训包括物流公司物料出库、入库的一系列过程（以中海 2000 供应链模拟系统——出入库管理模块为例）。

（一）入库管理

1. 入库指令

单击【入库管理】→【入库指令】，进入入库指令页面，进行入库指令的操作，如图 3 - 39 所示：

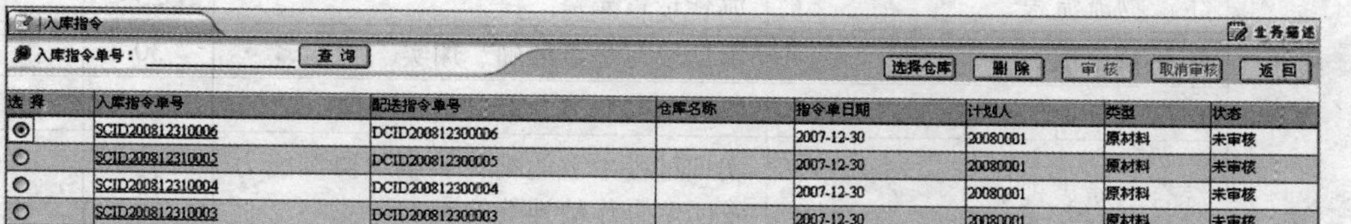

图 3 - 39　入库指令单查询页面

功能按扭说明：

查询：根据入库指令单号查询入库指令单。

选择仓库：选择想要将物品摆放的仓库。

删除：删除入库指令单。操作成功，该入库指令单所对应配送指令单状态被置为"未审核"或"正在处理"。注意：若此时，该配送指令单未有生成的配送计划单，则状态被置为"未审核"；若有生成的配送计划单，则状态被置为"正在处理"。

审核：对入库指令单进行审核确认。操作成功，入库指令单状态被置为"已审核"。

取消审核：取消对入库指令单的审核确认。

返回：关闭当前页面，跳转至上一层页面。

2. 装卸验货

单击【入库管理】→【装卸验货】，进入装卸验货页面，进行装卸验货操作。

（1）选择入库指令单，单击【装卸验货】按扭，如图 3 - 40 所示：

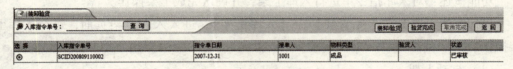

图 3 - 40　入库指令单查询页面

（2）填写相应输入项，单击【保存】按扭，完成装卸验货，如图 3 - 41 所示：

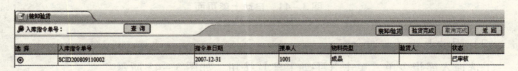

图 3 - 41　装卸验货页面

（3）选择已装卸验货完成（页面体现为验货人不为空）的入库指令单，单击【验货完成】按扭，对验货操作进行确认完成，如图 3 - 42 所示：

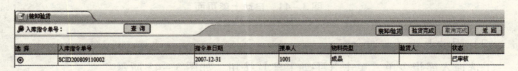

图 3 - 42　验货完成页面

功能按扭说明：

查询：根据入库指令单号查询入库指令单。

装卸验货：实现入库指令的装卸及验货。

保存：保存新增或修改的入库指令单信息。

验货完成：实现入库指令验货的确认。仅对状态为"已审核"的入库指令单有效。操作成功，入库指令单状态变更为"已验货"。

取消完成：取消对入库指令验货的确认。仅对状态为"已验货"的入库指令单有效。操作成功，入库指令单状态变更为"已审核"。

返回：关闭当前页面，跳转至上一层页面。

3. 入库上架

入库上架分为自动上架和手动上架两种方式。自动上架有多种策略，例如：按物料唯一性上架，按供应商上架，按物料类别上架等策略。

功能概述：对入库指令单进行入库上架，并确认完成上架操作。

操作方法：单击【入库管理】→【入库上架】，进入入库上架页面，进行入库上架操作。

（1）自动上架

①选择入库指令单，单击【自动上架】按扭，如图3-43所示：

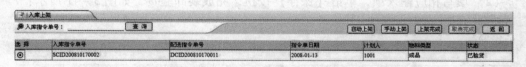

图3-43 入库指令单查询页面

②单击【自动上架】按扭，对上一步所选的入库指令包含的物品按一定策略进行上架操作，如图3-44所示：

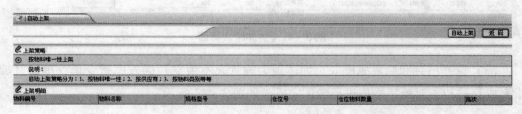

图3-44 自动上架页面

（2）手动上架（普通仓库）

①选择入库指令单，单击【手动上架】按扭，如图3-45所示：

②单击【上架】链接，如图3-46所示：

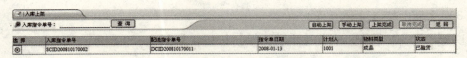

图 3 - 45　入库指令单查询页面

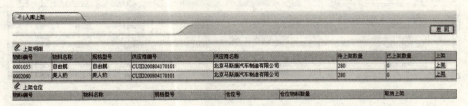

图 3 - 46　入库上架列表

③选择一个仓库，单击仓库图标进入仓库区域页面，如图 3 - 47 所示：

图 3 - 47　仓库区域页面

④选择仓库内某一区域，单击仓库区域图标进入该区域下仓位页面，如图 3 - 48 所示：

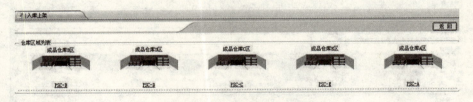

图 3 - 48　仓库区域列表

⑤填写相应输入项，选择仓位，单击【保存】按扭，完成入库上架操作，如图 3 - 49 所示：

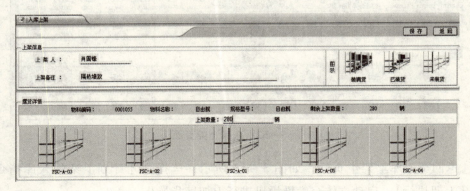

图 3 - 49　入库上架

（3）手动上架（立体仓库）

①选择入库指令单，单击【手动上架】按扭，如图 3 – 50 所示：

图 3 – 50　入库指令单查询页面

②单击【上架】链接，如图 3 – 51 所示，进入到可视化立体仓库页面。

图 3 – 51　可视化立体仓库页面

③把物品按仓位摆放上架（一个仓位只能摆放一个物品），单击【保存】按扭，完成立体仓库的入库上架操作，如图 3 – 52 所示：

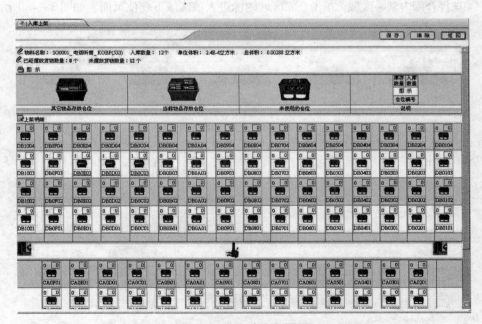

图 3 – 52　入库上架页面

④返回至入库上架主页面，如图 3 – 53 所示，选择刚才计划上架的入库指令单，单击【上架执行】，启动立体仓库堆垛机进行上架摆货操作。

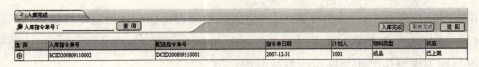

图 3-53 启动上架摆货页面

功能按扭说明：

查询：根据入库指令单号查询入库指令单。

自动上架：实现入库指令单对应物品的自动上架，跳转至自动上架页面。

手动上架：实现入库指令单对应物品的手动上架，跳转至上架物品列表页面。

保存：保存新增或修改的入库指令单信息。

清除（立体仓库）：清除立体仓库的上架结果。

上架完成：实现入库指令上架的确认。仅对状态为"已验货"的入库指令单有效。操作成功，入库指令单状态变更为"已上架"。

上架执行：启动立体仓库堆垛机执行上架摆货。

取消完成：取消对入库指令上架的确认。仅对状态为"已上架"的入库指令单有效。操作成功，入库指令单状态变更为"已验货"。

返回：关闭当前页面，跳转至上一层页面。

4. 入库完成

单击【入库管理】→【入库完成】，进入入库完成页面，进行入库完成操作。

（1）选择入库指令单，单击【入库完成】按扭，如图 3-54 所示：

图 3-54 入库完成页面

（2）选择入库完成日期，单击【确定】按扭，完成对入库操作的确认，如图 3-55 所示：

图 3-55 入库操作确认页面

功能按扭说明：

查询：根据入库指令单号查询入库指令单。

入库完成：实现对入库指令入库操作的确认。操作成功，入库指令单状态被置为“入库完成”。

入库完成：取消对入库指令入库操作的完成确认。操作成功，入库指令单状态被置为“已上架”。

确定：保存完成日期的输入和修改。

返回：关闭当前页面，跳转至上一层页面。

5. 入库查询

单击【入库管理】→【入库查询】，进入入库查询页面，进行入库查询的操作，如图 3－56 所示：

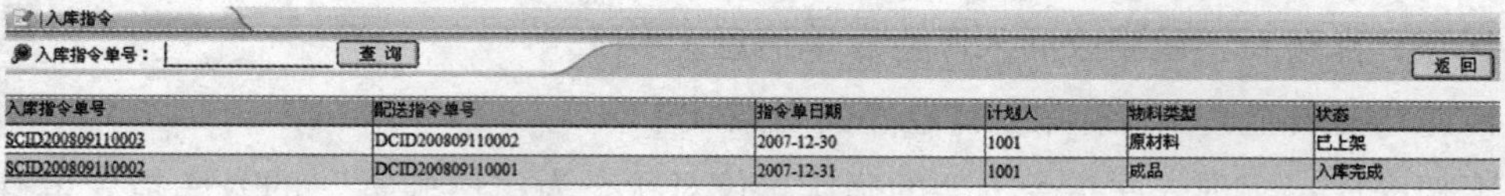
入库指令
入库指令单号：
查 询
返 回

入库指令单号	配送指令单号	指令单日期	计划人	物料类型	状态
SCID200809110003	DCID200809110002	2007-12-30	1001	原材料	已上架
SCID200809110002	DCID200809110001	2007-12-31	1001	成品	入库完成

图 3－56　入库查询页面

功能按扭说明：

查询：根据入库指令单号查询采购入库指令单。

返回：关闭当前页面。

6. 填单练习

实际办公中，各流程、部门之前的交互多以单据文件交互，填单练习的作用就是将系统内的部分操作结果单据化，本系统内的单据均为公司实用单据样例，故学生需严谨练习，以便适应实际办公的需要。

单击【入库管理】→【填单练习】，进入填单练习页面，进行填单操作。

（1）选择入库指令单，单击【填单练习】按扭，如图 3－57 所示（这里的填单练习主要是把入库操作的相关操作结果单据化）。

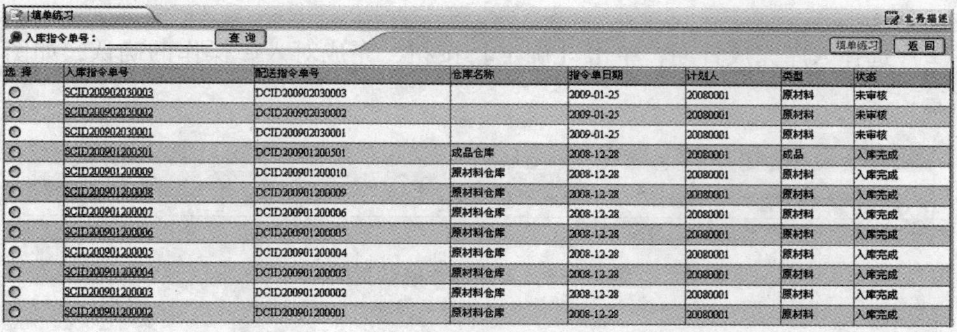
填单练习
业务描述
入库指令单号：
查 询
填单练习
返 回

选 择	入库指令单号	配送指令单号	仓库名称	指令单日期	计划人	类型	状态
○	SCID200902030003	DCID200902030003		2009-01-25	20080001	原材料	未审核
○	SCID200902030002	DCID200902030002		2009-01-25	20080001	原材料	未审核
○	SCID200902030001	DCID200902030001		2009-01-25	20080001	原材料	未审核
○	SCID200901200501	DCID200901200501	成品仓库	2008-12-28	20080001	成品	入库完成
○	SCID200901200009	DCID200901200010	原材料仓库	2008-12-28	20080001	原材料	入库完成
○	SCID200901200008	DCID200901200009	原材料仓库	2008-12-28	20080001	原材料	入库完成
○	SCID200901200007	DCID200901200006	原材料仓库	2008-12-28	20080001	原材料	入库完成
○	SCID200901200006	DCID200901200005	原材料仓库	2008-12-28	20080001	原材料	入库完成
○	SCID200901200005	DCID200901200004	原材料仓库	2008-12-28	20080001	原材料	入库完成
○	SCID200901200004	DCID200901200003	原材料仓库	2008-12-28	20080001	原材料	入库完成
○	SCID200901200003	DCID200901200002	原材料仓库	2008-12-28	20080001	原材料	入库完成
○	SCID200901200002	DCID200901200001	原材料仓库	2008-12-28	20080001	原材料	入库完成

图 3－57　入库指令单查询页面

（2）填写各输入项，单击【保存】按扭，保存填写的入库单据信息，如图 3 – 58 所示：

图 3 – 58　入库单填写页面

功能按扭说明：

查询：根据入库指令单号查询入库指令单。

填单练习：跳转至所选入库指令单对应的入库单据填写页面。

保存：保存输入（包括修改）的入库单信息。

返回：关闭当前页面。

（二）出库管理

1. 物料出库

单击【出库管理】→【物料出库】，进入物料出库页面，进行物料出库操作。

（1）单击【新增】按扭，如图 3 – 59 所示：

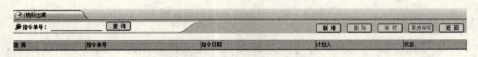

图 3 – 59　物料出库单添加页面

（2）选择要执行物料出库的周次，填写相应输入项，单击【保存】按扭，完成物料出库操作，如图 3 – 60 所示：

（3）物料出库操作完成后，主页面增加一条出库指令单，如图 3 – 61 所示：

功能按扭说明：

查询：根据出库指令单号查询出库指令单。

新增：进入物料出库的新增模式。

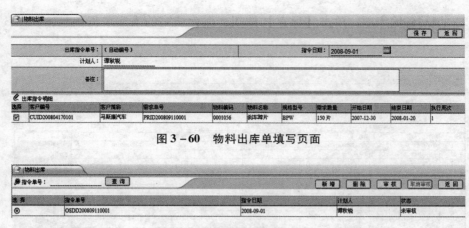

图 3 – 60　物料出库单填写页面

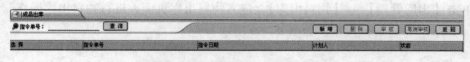

图 3 – 61　出库指令单形成页面

保存：保存新增、修改的出库指令单信息。

删除：删除当前选择的出库指令单。

审核：审核确认选中的物料出库指令单。仅对状态为"未审核"的物料出库指令单有效。

取消审核：对物料出库指令单的审核进行取消操作。仅对状态为"已审核"的物料出库指令单有效。

返回：关闭当前页面，跳转至上一层页面。

2. 成品出库

单击【出库管理】→【成品出库】，进入成品出库页面，进行成品出库操作。

（1）单击【新增】按扭，如图 3 – 62 所示：

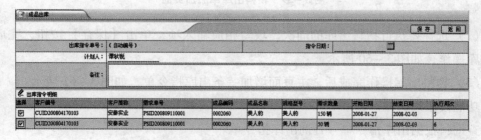

图 3 – 62　新增成品出库单页面

（2）填写相应输入项，单击【保存】按扭，完成成品出库，如图 3 – 63 所示：

图 3 – 63　成品出库单页面

功能按扭说明：

查询：根据成品出库指令单号查询出库指令单。

新增：进入成品出库指令单的新增模式。

保存：保存新增、修改的成品出库指令单信息。

修改：进入成品出库指令单的修改模式。

审核：审核确认选中的成品出库指令单。仅对状态为"未审核"的成品出库指令单有效。

取消审核：对成品出库指令单的审核进行取消操作。仅对状态为"已审核"的成品出库指令单有效。

返回：关闭当前页面，跳转至上一层页面。

3. 出库拣货

出库拣货分为自动拣货和手动拣货两种方式。自动拣货有多种策略，例如：按入库批次先进先出，按入库批次先进后出，按数量升序，按数量降序等策略。

单击【出库管理】→【出库拣货】，进入出库拣货页面，进行出库拣货操作。

（1）自动拣货

①选择出库指令单，单击【自动拣货】按扭，如图 3 - 64 所示：

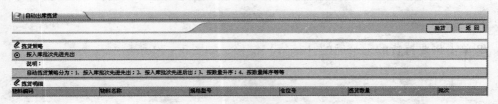

图 3 - 64　出库指令单列表

②单击【拣货】按扭，对上一步所选的出库指令包含的物品按一定策略进行拣货操作，如图 3 - 65 所示：

图 3 - 65　拣货操作页面

（2）手动拣货（普通仓库）

①选择出库指令单，单击【手动拣货】按扭，如图 3 - 66 所示：

②单击想要拣货的记录后的【拣货】链接，如图 3 - 67 所示：

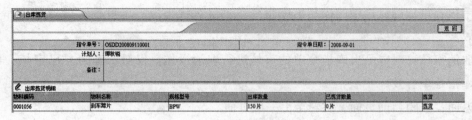

图 3 - 66　手动拣货指令单列表

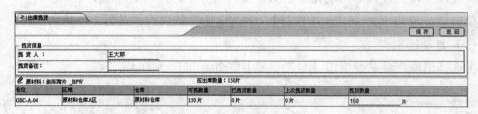

图 3 - 67　拣货页面

③填写相应输入项,单击【保存】按扭,完成拣货操作,如图 3 - 68 所示:

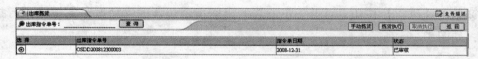

图 3 - 68　完成拣货页面

(3) 手动拣货（立体仓库）

①选择出库指令单,单击【手动拣货】按扭,如图 3 - 69 所示:

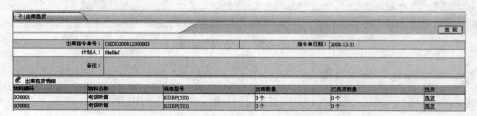

图 3 - 69　出库拣货指令单列表

②单击想要拣货的记录后的【拣货】链接,如图 3 - 70 所示:

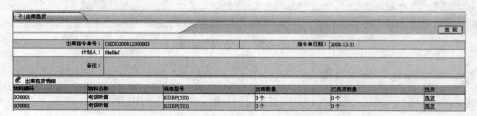

图 3 - 70　出库拣货明细页面

③拣货对应物品（一个仓位只能拣货一次），单击【保存】按扭，完成拣货操作，如图 3 – 71 所示：

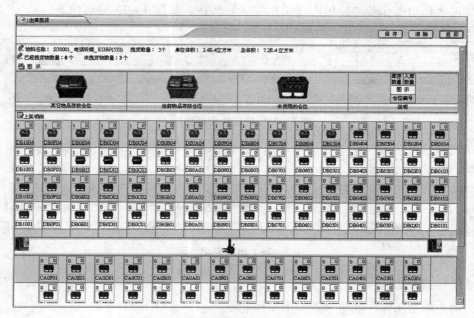

图 3 – 71 拣货页面

④返回至出库拣货主页面，如图 3 – 72 所示，选择刚才计划拣货的出库指令单，单击【拣货执行】，启动立体仓库堆垛机进行出库拣货操作。

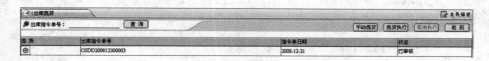

图 3 – 72 启动出库拣货页面

功能按扭说明：

查询：根据出库指令单号查询出库指令单。

自动拣货：实现出库指令单对应物品的自动拣货，跳转至自动拣货页面。

手动拣货：实现出库指令单对应物品的手动拣货，跳转至拣货明细列表页面。

拣货：跳转至拣货操作页面。

清除（立体仓库）：清除立体仓库的拣货结果。

拣货完成：确认完成拣货操作。

拣货执行：启动立体仓库堆垛机执行出库拣货。

取消完成：取消对拣货操作的确认。

返回：关闭当前页面，跳转至上一层页面。

4. 出库完成

单击【出库管理】→【出库完成】，进入出库完成页面，进行出库完成操作。

（1）选择出库作业单，单击【出库完成】按扭，如图3－73所示：

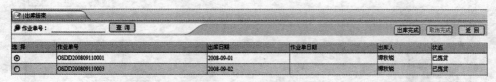

图 3 – 73　出库作业单列表

（2）置完成日期，单击【确定】按扭，完成出库操作，如图3－74所示：

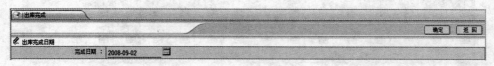

图 3 – 74　出库完成页面

功能按扭说明：

查询：根据出库作业单号查询出库作业单。

出库完成：跳转至出库完成置日期页面。仅对状态为"已拣货"的出库作业单有效。

确定：保存新增或修改的出库完成日期。

取消完成：取消对出库作业单的出库完成操作；删除出库完成日期。仅对状态为"出库完成"的出库作业单有效。

返回：关闭当前页面，跳转至上一层页面。

5. 出库查询

单击【出库管理】→【出库查询】，进入出库查询页面，如图3－75所示，进行出库查询的操作。

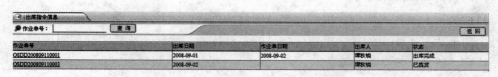

图 3 – 75　出库查询页面

功能按扭说明：

查询：根据出库作业单号查询出库作业单。

返回：关闭当前页面。

6. 填单练习

单击【出库管理】→【填单练习】，进入填单练习页面，进行填单操作。

（1）选择出库指令单，单击【填单练习】按扭，如图 3 - 76 所示（这里的填单练习主要是把出库操作的相关操作结果单据化）。

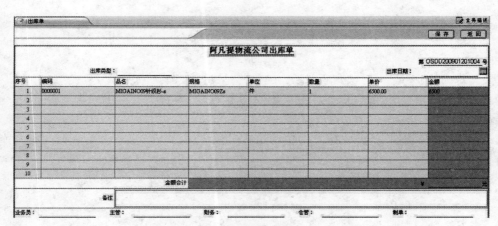

图 3 - 76　出库指令单列表

（2）填写各输入项，单击【保存】按扭，保存填写的出库单据信息，如图 3 - 77 所示：

图 3 - 77　出库单填写页面

功能按扭说明：

查询：根据出库指令单号查询出库指令单。

填单练习：跳转至所选出库指令单对应的出库单据填写页面。

保存：保存输入（包括修改）的出库单信息。

返回：关闭当前页面。

五、实训考核

模拟软件会对每个账号自动生成实训报告一份，由教师端收集并保存实训报告，对实训报告进行考核所依据的标准如表 3 – 3 所示：

表 3 – 3　　　　　　　　　　　实训报告考核标准

	考核内容	内容标准	分值	得分
报告内容	企业出库、入库流程	流程是否完整、合理	25	
	相关单据填写	单据填写是否准确、翔实	30	
	信息添加	所添加信息是否准确、完善	25	
	综合素质表现	实训过程中敬业精神、组织协调能力及团队合作精神等的表现	15	
格式	格式正确，排版美观		5	
总分			100	

项目四　仓库规划与布局

一、实训目的

通过对典型仓库的布局进行规划，使学生掌握仓库的不同形态、如何确定存储空间及数量，掌握仓库选址的方法、仓库平面布局及其功能。

二、课时安排

4 课时

三、实训准备

1. 熟练掌握仓储规划与布局相关知识，能够运用相关理论指导学生进行规划操作。
2. 讲解仓库规划与布局的原则、内容及设计过程中可能出现的问题以及解决方案。
3. 学生分组，确定由学生自己推选的本次任务团队负责人。
4. 联系相关合作企业或提供相关案例。
5. 结合当地实际情况给出实际仓库的相关参数。

四、实训设计

第一步：筹措准备

（1）成立仓库规划组织机构。仓库规划是在一定区域或库区内，对仓库的平面布局、数量、规模、地理位置和仓库内设施等各要素进行科学规划和整体设计，这是一个复杂的系统性工作，需要有专业团队实施，成立分工明确、结构合理的组织是仓库规划成功的重要前提条件。专业团队必须具有如下知识储备：

①一定的宏观环境研究分析能力，有效分析自然因素、社会因素，以及城市的大小、土地大小与地价、运输形态、邻里态度等。

②一定的数学功底，能对仓库规划的一些关键环节进行计算。

③一定的绘图能力，能准确绘制直观的平面布局分布图。

请在表 4 - 1 中列出仓库规划组织机构人员组成。

表 4 - 1　　　　　　　　　　仓库规划组织机构人员

姓名	职务	专业特长	工作职责	备注

（2）分析影响仓库规划的项目。仓库规划需要分析宏观环境、微观环境、客户服务等因素，这是确定仓库网点布置的关键要素。影响仓库规划的项目如表 4 - 2 所示。

表 4 - 2　　　　　　　　　　影响仓库规划的项目

项目名称	项目要点	关注点	分析及结果
产业政策	是否符合国家及地方物流产业政策：统一、开放、公平、规范、有序的现代物流市场体系	国家及地方物流产业政策	
自然环境	是否具有有利的自然环境：气象、地质、水文、地形等	政府部门公布的自然环境白皮书等文字资料及现场收集的二手资料	
土地供给	是否符合国家及地方土地供给规定：物流园区规划；节约用地、少占良田；地价最低化；土地可扩展	土地供给政策及物流产业规划等文件	
税费政策	是否符合优惠税费率：仓库营业税、土地使用税、土地出让金优惠	国家及地方税费条例及规定等文件	
城市规划	是否符合城市总体及分区规划要求：物流园区规划控制、建筑容积率、建筑密度、层高、绿化率、道路退让等	城市规划管理办法等文件	
基础设施条件	是否有完善的基础设施：最好为交通枢纽，有两种以上运输方式相连接；城市的道路和通信等公共设施齐备，有充足的供电、水、热、燃气的能力，且场区周围要有污水、固体废物处理能力	政府部门的基础规划文件及现场设施建设状况	

项目名称	项目要点	关注点	分析及结果
物流费用	是否存在有竞争力的物流费用：尽量接近物流服务需求地，如接近大型工业、商业区，以便缩短运输距离、降低运费等物流费用	分析服务企业分布状况	
人力资源成本	是否有适宜的人力资源成本：装卸、搬运、运输等操作工、管理人员、技术人员	本地劳动部门人力资源文件	
环境保护	是否符合环境保护要求：保护自然环境与人文环境，降低对城市生活的干扰，大型转运枢纽应适当设置在远离市中心区	分析经营项目并了解邻里态度	
供应商分布	是否符合供应商分布特征：供应成本最优化	分析供应商地理位置	
客户分布	是否满足现在分布客户的服务能力：仓库需有利于客户服务水平优质化	分析客户分布位置	
商品特征	是否依据经营不同类型商品的仓库能分别布局在不同地域：如生产型仓库的选址应与产业结构、产品结构、工业布局紧密结合进行考虑	分析商品特征及产业状况	
仓库经营管理水平	是否有仓库经营管理专业人员：仓库设施工程技术员及仓储管理人才	企业内部人才资源状况及外部人才获得成本	
防火安全	是否符合防火安全：不宜设在易散发火种的工业设施（如木材加工、冶金企业）附近，也不宜选择居民住宅区附近	政府规划与现场研究分析	

　　（3）确定仓库目标。根据将来需求及其现状作出假设：处理商品品规、处理商品数量、供应商数量、客户数量、物流系统运行效率、客户服务水平、物流成本等，如表4-3所示：

表4-3　　　　　　　　仓库建设目标表（自动化仓库表例）

1	规划空间	说明：立库货架区及库前区的占地面积、可用高度		
1	规划空间	长　　　　　（m）×宽　　　　　（m）×高　　　　　（m）		
2	库房状况	说明：选B或C，第三项可忽略		
2	库房状况	□A. 已有建筑　　□B. 设计规划中　　□C. 库架一体结构		

3	空间状态	说明：选 B 或 D，请提供详细的空间尺寸图纸		
		□A. 上述尺寸为净尺寸　□B. 上述尺寸为柱中心距　□C. 空间内有障碍物		
4	托盘规格	说明：若能详细填写本项，第 5 项可省略		
		使用范围	□仅库内　□生产现场与仓库　□随成品发车	
		托盘形式	□C 型托盘　□平托盘　□仓储笼　□箱式托盘　□其他形式	
		托盘材质	钢制　木制　钢木混合　塑料托盘　其他材质	
		托盘尺寸	长＿＿（mm）×宽＿＿（mm）×高＿＿（mm）（带货总高＿＿mm）	
		单盘重量	kg（满载状态下大致数值，500kg 或 1000kg 或其他）	
		不用托盘	周转箱直接入库，规格写入第 5 项"外包装"	
5	货物规格	说明：上一向不能详细填写的，本项必填。若货物种类较多，请另附表格		
		货物属性	□原材料　□成品　□半成品　□零部件　□外协件　□其他	
		货物特征	□易燃易爆品　□阻燃物　□化学品　□冷冻品　□易损品　□其他	
		外包装	□盒装　□袋装　□桶装　□周转箱或仓储笼　□其他	
		外包装尺寸	长＿＿（mm）×宽＿＿（mm）×高＿＿（mm）	
			长＿＿（mm）×宽＿＿（mm）×高＿＿（mm）	
			长＿＿（mm）×宽＿＿（mm）×高＿＿（mm）	
		单件重量	kg	
6	特种需求	说明：无特殊情况，本项不填。否则应附文件做具体说明		
		□高密度	在有限空间内最大限度储存，省略消防、维修空间做极限设计，造价较高（请确保能通过消防部门认可）	
		□转轨车	作业频率低，巷道多，使用转轨车从而减少堆垛机数量，造价低	
		□圆形轨道	作业频率低，巷道少，堆垛机可运行至相邻巷道作业，造价低	
		□入库拣选	入库拣选、载货台附驾驶室，造价较高	
		□危险物	存放易燃易爆物品，设计以安全第一，选用特种设备，造价高	
		□冷冻库	低温冷藏、冷冻环境，选用特种设备，造价高	
		□重力库	单一种类货物数量大，批量入出库，空间使用率高、效率高的优点，造价高	

7	存储容量	说明：不填写则设计人员将以正常状态下最大存储能力设计	
		总存储量	最多_____托盘　平均_____托盘
		存储天数	最多_____天　平均_____天
8	存储环境及条件	说明：若因特殊环境用户未填写而导致最终使用异常的，由用户负责	
		温度	____℃ ~ ____℃（温度超出正常范围按特重库考虑）
		相对湿度	≤____% RH（高温且相对湿度过大时，需按特重库考虑或适当降低质保期限）
		地面承载	_____ kg/m²
		气源	□有____ kg/m²　□无（有气源可使用气动设备）
		特殊要求	□洁净　□特种消防　□防静电　□其他_____
9	入库	最大入库量	_____托盘/小时或_____托盘/日
		平均入库量	_____托盘/小时或_____托盘/日
		组盘地点	□库前区组盘　□库外租盘　□入库台组盘
		组盘形式	□人工组盘　□机器人组盘　□其他_____
		入库方式	□叉车＋固定入库台　□输送小车　□输送机系统　□提升机 □多层/向入库（可多选）
10	出库	最大出库量	_____托盘/小时或_____托盘/日
		平均入库量	_____托盘/小时或_____托盘/日
		出库方式	□叉车＋固定入库台　□输送小车　□输送机系统　□提升机 □拆盘后送入货车　□整盘入货车（可多选）
		是否拣选	□无须拣选　□出库拣选　□出库台或输送机上拣选
		出库方向	□与入库同端　□与入库方向相反　□两端或多层出库
11	其他	自动化程度	□全自动　□单机半自动（需人工介入）　□手动
		货物管理	□托盘条码管理（推荐）　□单件货物条码管理人工记账（无条码） □其他形式
		中央控制室	□设置与规划区域内　□可在厂房内其他位置布置 □与其他办公室合并（位置与入库端距离_____ m）
		其他要求	

第二步：明确仓库类型及形态

（1）确定仓库类型。根据表4-2所列影响仓库规划的项目，明确仓库的类型。仓库通常可分为转运型、储备型、综合型三种类型。转运型仓库大多经营倒装、转载或短期储存的周转类商品，大都使用多式联运方式。储备型仓库主要经营国家或所在地区的中、长期储备物品。综合型仓库经营的商品种类繁多。

（2）确定仓库形态。根据商品特征及目标客户的服务需求，明确新建仓库的服务定位。

①保管形态——普通仓库、冷藏仓库、危险品仓库等。

②建筑形式——平房、多层、地下等。

③建筑材料——钢架金属质仓库、轻质钢架仓库等。

④库内形式——一般平地面仓库、货架仓库、自动化立体仓库等。

第三步：确定仓库存储空间及数量

（1）确定仓库存储空间。影响仓库空间的主要因素包括：客户服务水平、所服务市场的产品数目、投入市场的产业数目、产品大小、所用的物料搬运系统、吞吐率、生产提前期、库存布置、通道要求、仓库中的办公区域、使用的支架和货架类型以及需求的水平和方式等。仓库最小空间一般是根据各期存货所需的最小空间需求，并在考虑其他因素的规模的基础上适当增加容量。影响存储空间需求的决定因素如表4-4所示：

表4-4　　　　　　　　　　影响存储空间需求的决定因素

	增加存储空间需求	减少存储空间需求
因素	市场或者公司扩张	产品或销售减少
	较短的产品生命周期	存储单位数量的减少
	库存存储单元数目增加	需求变动较少（包括较长的产品生命周期）
	基于快速反应的直接交货	客户处理存储交货
	消除分销商	制造批量规模较小
	扩展至特定商品	交易数量较小
	出口/进口货物	存货周转较高
	产品流程加长	信息较完善
	最小制造批量规模的增加	接驳式转运
	最快反应时间的要求	快速运输
	通货膨胀或者提前购买	承运商合并

（2）确定仓库数量。确定仓库的数量一般要考虑4个因素：销售机会损失的成本、存货成本、仓库成本以及运输成本。另外，客户的购买方式、竞争环境以及计算机和其他信息技术的使用也将影响到仓库的数目。

第四步：仓库选址

仓库选址的4个原则如下：

（1）适应性原则。仓库的选址须与经济发展方针、政策相适应，与国民经济和社会发展相适应。

（2）协调性原则。仓库的选址应将国家的物流网络作为一个大系统来考虑。

（3）经济性原则。仓库有关选址的费用，主要包括建设费用及物流费用（经营费用）两部分。仓库的选址定在市区、近郊区或远郊区，其未来物流辅助设施的建设规模及建设费用，以及运费等物流费用是不同的，总费用应最低。

（4）战略性原则。仓库的选址，应具有战略眼光，考虑全局和长远，既要考虑目前的实际需要，又要考虑日后发展的可能。

根据第一步收集的相关仓库规划影响项目资料及仓库选址4个原则，并结合仓库选址方法（如重心法、综合因素评价法等）确定仓库地址。仓库选址确定步骤如下：

（1）物流系统的现状分析。根据第一步整理的相关资料并结合地图，具体分析产业政策、税费政策、土地政策、物流费用、供应商和客户分布、服务要求、商流及物流职能等直接影响仓库选址的决定因素，确定物流系统的现状。

（2）仓库选址定量分析。重心法原理是仓库选址定量分析中最常使用的一种简便方法，这种方法只考虑运输费率和该点的货物运输量，仓库优先选择的地点是仓库至顾客运输成本最小的地点。

①单个仓库选址方法。直接利用仓库至顾客运输成本最小计算出仓库地址。

②多个仓库选址方法。起讫点不止一个时，就必须预先将起讫点分配至位置待定仓库，再找出每个起讫点精确重心。然后将各点重新分配到这些位置已知的仓库，找出修正后的各群落新的重心位置，继续上述过程直到不再有任何变化为止。

（3）仓库选址的约束条件分析。自然环境、环境保护、基础设施条件、人力资源成本、防火安全、地价及相关法律法规等因素对仓库选址有或多或少的制约作用。

（4）结果评价。根据定量分析初选的仓库选址方案，并结合选址的约束条件，综合评价所选择的地址，最终选择仓库地址。

第五步：仓库平面布局及功能区规划

现代仓库总平面规划一般可以划分为生产作业区、辅助作业区和行政生活区三大部分。另外为适应商品快速周转的需要，应适当增大生产作业区中收发货作业区面积和检验区面积。

1. 生产作业区布局及主要参数设定

（1）储存区划分和面积安排。储存区可划分为待检区、待处理区、不合格品隔离区、合格品储存区，有时根据仓储业务的需要，设置进货作业区、流通加工区和出货作业区等。为便于业务处理和货物安全，待检区、待处理区、不合格品隔离区应设在仓库的入口处。现代仓库一般是以收发货为主的流通仓库，通常各组成部分构成比例如下：合格品储存区面积占总面积40%~50%，待检区及出入库收发作业区占20%~30%，待处理区、不合格品隔离区占5%~10%，集结区占10%~15%，通道面积占8%~12%。车道的地板荷重必须能承担10t/轴，人的单行通道尺寸为0.6m，双向为1.2m；手推车单行通道为1m，若双向可以会车应为2m；叉车直行时的通道约为1.5m，垂直作业时则为2.5~4m。

（2）道路。现代仓库道路布局，通常是根据商品流向的要求，结合地形、面积、各个库房建筑物、货场位置等因素决定道路走向和形式。汽车道路需要适应起重搬运机械等设备调动、防火安全、仓库和行政区及生活区的通畅。道路包括主干道、次干道、人行道和消防道等，主干道应采用双车道，宽度6~7m；次干道应采用单车道，宽度3~3.5m；消防通道宽度应不少于6m，布局在库区的外周边。卡车回转区应是可以使大卡车容易停靠的月台，回转区的长度原则上是卡车全长的两倍。

（3）库区铁路专用线。如果条件许可，库区可以设置贯通式铁路专用线，铁路专线需要和国家铁路、码头、原材料基地相连，铁路专线应顺着库长方向建设，岔线直线长度应尽量最大化，铁道股数应根据仓库货运量和货场及库房宽度确定。

（4）月台。月台是进出货必经之路，合理的月台高度有利于货物的装卸。由于卡车种类不同，通常需要导入油压升降平台来辅助装卸；月台上面必须考虑防撞的装置，避免月台遭卡车撞坏；另外，低温仓库必须配合门封设备。

（5）遮阳（雨）棚。有些商品对湿度及太阳直射非常敏感，遮阳（雨）棚也是进出货必要的设施。遮阳（雨）棚与月台高度需要3m以上，与地面的高度需要4m以上，其长度需要5m以上，斜度最好是往内部倾斜；另外，如果进出货车辆是以左右两边开启的，遮阳（雨）棚从地面算起至少需要5.5m。

（6）主要附件及参数。

①库房高度及天花板：库房高度设计时，不仅需要考虑库房的实际作业高度（主要参数有托盘上货物的高度、叉举高度、梁高等），还要考虑电灯、冷气风管或消防水管等空间；库房天花板高度应在厂房实际作业高度基础加一定余量（一

般 30 cm）。

②库房柱子跨距及柱子构造：柱子跨距通常越大越好，但是也必须考虑建筑成本。柱子可以采用力霸轻型钢、H 型钢、BOX 型钢、钢筋混凝土、SRC 结构等。采用最多也最经济的是 H 型钢。

③地板荷重及地板材质：考虑地板荷重和材质直接影响到仓库安全，尤其是多层及有地下室的楼板，存放商品不同则地板荷重不同，另外，地面表面材质有水泥地板、金刚砂水泥地板、塑料地砖地板、无缝树脂地板等几种，采用最普遍的是金刚砂水泥地板。

④屋顶、屋高及梁高：屋顶可采用彩色钢板、RC、库体板、石棉瓦等几种，一般彩色钢板最常用；屋顶有平顶、单面斜度及两面斜度等几种，斜度的大小影响屋顶及梁高。

⑤墙壁及门窗：墙壁材料有彩色钢板、彩色钢板＋隔热、库体板、墙砖；仓库有手动卷门、电动卷门、手动快速门。

2. 辅助作业区布局

辅助作业区可以包括设备维修车间、车库、工具设备库、油库及变电房。油库应远离易出现明火地方，如维修车间、生活区等，并需要配置相应的消防设施。

3. 行政生活区布局

行政生活区可以包括办公楼、警卫室、化验室、宿舍和食堂等，行政机构办公区一般布置在仓库主要出入口处，并尽可能与作业区用墙分开，宿舍和食堂等生活区与作业区有一段距离。

第六步：仓库设备及信息技术配置

1. 仓库设备配置

仓库设备配置应从仓储机械的技术指标和经济指标综合分析评价。仓库主要设备有储存设备、搬运设备、输送设备、容器等。仓库设备规划设计，应以仓库单元负载单位为基准，确定储运作业的单位，从而决定各阶段仓库作业的设备规格。具体仓库设备规划设计程序如图 4-1 所示。

仓库选择设备类型时，应尽可能选择自动化程度高的存取装置、计量和搬运作业同时完成、设备技术性与经济性平衡，另外仓库机械设备性能应与仓库作业量和出入库作业频率相适应。仓库设备选型如图 4-2 所示。

2. 仓库信息技术配置

仓库信息系统的功能设计包括以下内容：

（1）业务主系统。业务主系统是信息系统的核心部分，主要具有订货管理、入库管理、配货管理、在库管理、出库管理等信息处理和作业指示等功能。

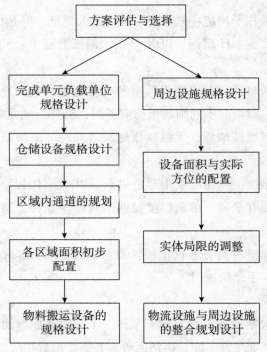

图 4-1　仓库设备规划设计程序

图 4-2　仓库设备选型

（2）业务支持系统。仓库的业务支持系统为信息系统提供了一个完备的后台支持和保证系统正常运转的信息平台。它主要由以下三部分组成：

①自动技术系统——主要包括自动扫描系统、条码系统、RF 系统、计算机辅助分拣系统、全程控制系统、GPS 卫星定位系统、GIS 地理信息系统等。

②互联网络系统——仓库所处理的联网业务应包括接受订货业务、配货作业、在库管理、业务查询等内容。

③数据库系统——数据文件管理、订单输出管理、入/出库管理的输入/输出、货

物在库的输入与输出、货物配送的输入输出。

3. 仓库辅助设备

（1）消防设备。仓库必须设置足够的消防器材，消防设备的种类有烟感报警器、消火栓、灭火器、自动洒水系统、自动二氧化碳系统。

（2）仓库换气系统。仓库换气方式有天窗自然换气、门窗自然换气、强制性通风器、空调系统等。

（3）采光及照明。可采用屋顶采光和门窗采光，屋顶采光时应尽量将采光板规划在走道上方，规划照明时也应采用此种方法。

（4）湿度控制设备。部分物资在存储过程中对仓库内湿度要求较高，仓库内部可以布置相应的湿度检测仪器及除湿设备。

（5）温度控制系统。对保管温度有要求的物品，仓库需要设置相应温度测量仪器及制冷设备；如果建设冷藏仓库，则需按照冷库要求配置相应的设备。

第七步：设计方案的执行与管理

配送中心规划及设计工作结束后，为保证项目成功实施，必须做以下工作：

（1）建立标准作业流程说明文件。

（2）标示设施布局与作业动态。

（3）明确作业系统流程。

（4）招标采购设备。

（5）监督与控制工程施工。

（6）招聘和培训雇员。

（7）开始现场作业。

（8）检查和发现问题。

（9）了解作业绩效。

（10）维护及检查作业的正常运作。

（11）加强员工的管理。

五、实训考核

要求就本次实训内容完成实训报告一份，不少于3000字，报告应包含的内容及评分标准如表4-5所示：

表 4-5 实训报告考核标准

考核内容		内容标准	分值	得分
报告内容	所做的准备工作（相关知识准备，资料齐全）	相关工作准备充分	10	
	仓库规划	对仓库进行合理规划设计：选址合理、平面布局及功能区规划合理	25	
	仓库布局	对生产作业区、辅助作业区、行政生活区和附属固定设备等合理安排	25	
	配备仓库设备	配备必要且够用的设备	25	
	综合素质表现	实训过程中敬业精神、组织协调能力及团队合作精神等的表现	10	
格式	格式正确，排版美观		5	
总分			100	

项目五　运输线路设计与规划

一、实训目的

通过对运输线路的设计与规划，使学生掌握设计运输路线的方法、分析影响因素，并能够绘制网络图，最终设计出最佳运输线路。

二、课时安排

4 课时

三、实训准备

1. 介绍运输及运输管理基本知识。
2. 讲解运输线路规划与设计原则、运输线路选择方法及运输不合理现象和解决方案。
3. 给学生分组，确定由学生自己推选的团队负责人。
4. 联系相关合作企业或准备相关案例。

四、实训设计

第一步：筹备准备阶段

（1）成立运输路线设计与规划团队。运输线路设计与规划是一个复杂的系统性工作，需要理论功底强、经验丰富的人员组织编制，规划完成的运输线路还需要根据内外环境变化作动态调整。选择出色的运输线路规划团队是实施合理化运输工作的重要前提条件。

（2）分析运输路线设计与规划的影响因素。运输线路规划人员在线路规划初期，需加强对运输相关资料的研究，如对运输成本、运输距离、运输方式、运输时间、道路状况、客户位置、自然环境等多个因素的分析研究。运输路线的设计与规划的影响因素如表 5－1 所示。

表 5 – 1 运输路线的设计与规划的影响因素

项目名称	项目要点	关注点
运输成本	与运输者直接相关的成本就是运输费用，如车辆行驶中的邮费、车辆磨损费等	国家及地方交通管理部门相关文件
运输距离	运输过程中各节点之间实际距离	地图、交管部门、驾驶员等提供的权威数据
客户需求	客户所处位置、客户产品特性、运输量及运输时间等要求	客户具体要求
道路状况	物流节点间道路畅通情况：公路阻塞、运输设备故障等	交管部门及新闻媒体发布的道路信息
运输形式	主要指各节点之间道路形式，如公路、铁路、水路等	交管部门、新闻媒体、驾驶员等提供资料
运输设备		运输设备具体的负载能力
自然环境	影响运输可达性的自然环境：台风、暴雨、大雾、泥石流等自然灾害	气象台、地政局等政府权威部门发布的信息

第二步：分析服务特点，确定运输方式及经营方式

根据客户需求，如客户所处位置、产品特性、运输量及运输时间等要求，帮助企业确定适当的交通运输工具。各种运输方式的技术经济特征如表 5 – 2 所示：

表 5 – 2 各种运输方式的技术经济特征

运输方式	技术经济特点	运输对象
铁路	初始投资大、运输容量大、成本低，占用土地多、连续性强、可靠性好	适合大宗货物、散件杂货等中、长途运输
公路	机动灵活、适应性强、短途运输速度快、能源消耗大、成本高、空气易污染、占用土地多	适合于短途、零担运输、门到门运输
水路	运输能力大、成本低、速度慢、连续性差、能源消耗及土地占用都较少	适合于中、长途大宗货物运输、海运、国际运输
航空	速度快、成本高、空气和噪声污染重	适合于中、长途及贵重货物、保鲜货物运输
管道	运输能力大、占用土地少、成本低廉、连续输送	适合于长期稳定的流体、气体及浆化固体物运输

（1）委托运输。如果一家企业将运输业务委托给运输承包公司（第三方物流公司、铁路公司、航运公司等），那么该企业不需要负责具体运输事务，而由运输承包公司确定合理的运输方式、运输路线等。

（2）自营运输。如果采用自营运输形式，那么企业需确定经济合理的汽车运输路线，请按照第三步开展工作。

第三步：绘制运输路线网络草图

根据发货点与收货点关系，查找最新版交通地图、交通管理部门及新闻媒体信息等，确定可能的运输路线，按比例绘制运输路线网络草图。

第四步：选择运输路线

在选择最优运输路线前，运输路线设计与规划人员需全面了解可能的运输路线，特别是道路通畅情况和自然环境，在网络草图中剔除影响运输可达性的路线。运输路线的选择有三种情况：起讫点不同的单一路径、起点和终点相同、多个起讫点，具体操作方式如下：

1. 起讫点不同的单一路径（最短路径法）

（1）第 N 次迭代的目的。找出第 N 个距起点最近的节点。对 $N=1，2，3，…$，重复此过程，直到所找出的最近节点是终点。

（2）第 N 次迭代的输入值。在前面的迭代过程中找出 $N-1$ 个距起点最近的节点，及其距起点最短的路径和距离。这些节点和起点统称为已解的节点，其余的称为未解的节点。

（3）第 N 个最近节点的候选点。每个已解的节点直接和一个或多个未解节点相连接，就可以得出一个候选点——连接距离最短的未解点。如果有多个距离相等的最短连接，则有多个候选点。

（4）计算出第 N 个最近的节点。将每个已解节点与其候选点之间的距离累加到该已解节点与起点之间最短路径的距离上，所得出的总距离最短的候选点就是第 N 个最近的节点，其最短距离就是该距离的路径（若多个候选点都得出相等的最短距离，则都是已解的节点）。

2. 起点和终点相同（最短路径法）

始发点就是终点的运输路线通常是在同一部门情况下发生，解决的目的是寻求访问各点的次序，以求运行时间或距离最小化，即最短路线法。这类问题最短路线通常通过经验探试法比较有效，它是按照实际运输工作经验，当运行路线不发生交叉时，车辆经过各停留点的次序是合理的。如图 5-1（a）所示，运行路线发生交叉，为不合理的运输路线；图 5-1（b）为合理的运输路线。同时，如有可能应尽量使运行路线形成泪滴状，这是解决起讫点相同运输问题较为简单、有效的方法。

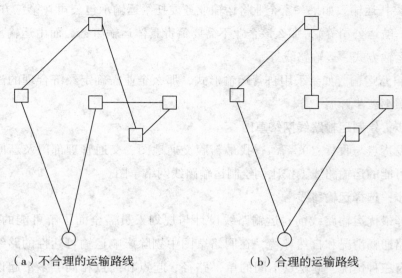

（a）不合理的运输路线　　　　　　　（b）合理的运输路线

图 5 - 1　起点和终点相同的运输路线示意

3. 多个起讫点

实际情况下，多个货源地服务于多个目的地是普遍存在的运输现象。

需要指定为各目的地服务的供货地，同时要找到目的地与供货地之间的最佳路线，解决的有效途径是线性规划方法计算，即运输方法问题求解，一般通过电子计算机运算。另外也可以通过图上作业法解决，图上作业法针对圈状、线状或圈线结合三种类型的运输线路采用不同的线路规划策略，具体操作步骤如下：

（1）编制商品产销平衡表。

（2）绘制货物发运地与到达地的交通线路图。

（3）绘制初始调运图。

（4）编制货物最优调运方案表。

第五步：准确标注运输路线图

根据运输路线选择方法中确定的运输线路，在运输路线图上按比例准确标注最优的运输线路。

五、实训考核

要求就本次实训内容完成实训报告一份，不少于 3000 字，报告应包含的内容及评分标准如表 5 - 3 所示：

表 5 - 3 实训报告考核标准

	考核内容	内容标准	分值	得分
报告内容	所做的准备工作（相关知识、准备的材料）	相关工作准备充分	20	
	设计与规划运输线路	能够根据运输起讫点之间关系，绘制运输网络图	20	
	优化运输线路	运输路线最佳，有效防止迂回、对流、过远等不合理运输现象的发生，合理减少中间环节，提高效益	40	
	综合素质表现	实训过程中敬业精神、组织协调能力及团队合作精神等的表现	15	
格式	格式正确，排版美观		5	
总分			100	

项目六　配送及配送中心管理

任务一　配送计划编制

一、实训目的

通过编制配送计划的实训，使学生掌握配送的内容、基本流程和需要考虑的因素，并掌握配送路线的制定方法，了解配送过程中的各种要求。

二、课时安排

4 课时

三、实训准备

1. 熟练掌握配送计划制订相关的基本知识和工作基本要求。

2. 根据任务量及学生分组情况，确定由学生自己推选的团队负责人，并指导负责人为每一个学生进行分工。

3. 教师组织相关案例。

四、实训设计

（一）实训案例

上海××配送中心地处嘉定区南翔镇，需要在 2009 年 2 月 16 日为杨浦区的 3 个客户配送商品，配送商品的名称、规格数量及时间要求如表 6 - 1 所示。3 个客户距××配送中心的距离如图 6 - 1 所示。请为该配送中心制订一份配送作业计划，要求既要满足客户的时间要求，又要使配送成本最低。

表 6 - 1   配送商品情况一览

客户名称	需求商品情况					需求时间
	品名	规格	数量	毛重	体积（cm×cm×cm）	
A	龙井茶叶	500g/袋	50 箱	11kg/箱	85×60×45	2月16日上午11点前
	光明牛奶	250g/袋	100 箱	8.5kg/箱	70×50×35	
	东北大米	50kg/袋	40 袋	50kg/袋	100×45×20	
	可口可乐	1.25kg/瓶	65 箱	8.5kg/箱	60×35×50	
	雪碧	1.25kg/瓶	65 箱	8.5kg/箱	60×35×50	
B	雕牌洗衣粉	1kg/袋	50 箱	11kg/箱	75×55×40	2月16日上午10点前
	力士香皂	125g/块	40 箱	4.25kg/箱	60×30×25	
	天元饼干	1kg/盒	100 箱	6.5kg/袋	90×80×70	
	可口可乐	1.25kg/瓶	80 箱	8.5kg/箱	60×35×50	
C	喜多毛巾	70cm×40cm	20 箱	10.5kg/箱	75×45×50	2月16日上午12点前
	可口可乐	1.25kg/瓶	100 箱	8.5kg/箱	60×35×50	
	光明牛奶	250g/袋	100 箱	8.5kg/袋	70×50×35	
	雪碧	1.25kg/瓶	100 箱	8.5kg/箱	60×35×50	
	东北大米	50kg/袋	20 袋	50kg/袋	100×45×20	

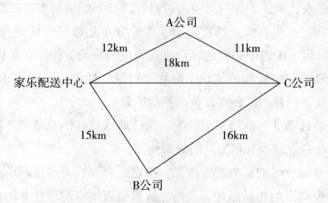

图 6 - 1　××配送中心与3家公司的位置

（二）实训操作指导

第一步：了解配送计划的主要内容

一份完整的、具有可操作性的配送计划由以下几方面内容构成。

1. 客户订单方面

客户需求的物品品名、规格、数量、交货时间和交货地点。

2. 配送作业方面

（1）送货车辆、送货线路与人员。尽可能优化车辆行走路线与送货批次，并将送货地点和路线在地图上标明或在表格中列出，配备合适人员全程、全车负责，完成对客户的送货。

（2）满足客户时间性需求，结合运输距离确定送货提前期。

（3）满足客户需求所选择的送达服务的具体组织方式和规范。包括货物卸下、搬运、放置，设施的安装、调试、维护、修理、更换，废弃物清理、回收、单据的填写、签章，货款的结算方式和规范。

3. 配送预算方面

配送计划应对配送成本支出项目做出合理预算，包括资本成本分摊、支付利息、员工工资福利、行政办公费用、商务交易费用、自有车辆设备运行费、外车费用、保险费或残损风险、工具及耗损材料费、分拣半装卸搬运作业费、车辆燃油费等。

配送计划确定之后，还应将货物送达时间、品种、规格、数量通知客户，使客户按计划准备接货工作。

第二步：了解制订配送计划的依据

制订配送计划的依据主要如下。

（1）客户订单。客户订单对配送商品的品种、规格、数量、送货时间、送达地点、收货方式等都有要求，因此，客户订单是拟订配送计划的最基本的依据。

（2）客户分布、送货路线、送货距离。客户分布是指客户的地理位置分布，客户位置离配送距离长短、配送中心到达客户收货地点的路径选择，直接影响到配送成本。

（3）物品特性。配送货物的体积、形状、重量、性能、运输要求，是决定运输方式、车辆种类、载重、容积、装卸设备的制约因素。

（4）运输、装卸条件。道路交通状况、送达地点及其作业地理环境、装卸货时间、气候等对配送作业的效率也有相当大的约束作用。

（5）根据分日、分时的运力配置情况，决定是否要临时增减配送业务。

（6）调查各配送点的物品品种、规格、数量是否适应配送业务的要求。

第三步：了解配送计划制订的影响因素

配送计划作为指导配送活动的方案，在配送方案设计中具有重要意义。配送计划的制订受以下因素的影响。

1. 配送对象（客户）

客户是分销商、配送中心、个人消费者、连锁店铺、百货公司、便利店、平价商店等业态中的一种或几种。不同的客户其订货量不同，出货形式也不尽相同。比如，分销商、配送中心及连锁门店等的订货量较大，它的出货形态可能大部分为整托盘出货，小部分为整箱出货；超市的订货量其次，它的出货形态可能10%属于整托盘出货，60%属于整箱出货，30%属于拆箱出货；便利店及平价商店订货量较小，它的出货形态可能是30%属于整箱出货，70%属于拆箱出货。

出货形态不一致，会影响到理货、拣货、配货、配装、包装、送货、服务与信息等作业在人员、设备、工具、效率、时间和成本等方面的不同，也就是配送计划的内容会有所不同。

2. 配送物品种类

配送中心处理的货物品项数，多则几千种甚至上万种，少则数百种甚至几十种，品种数不同，复杂性与困难性也不同。另外，配送中心所处理的货物种类不同，其特性也不完全相同。

3. 配送数量或库存量

配送中心的出货数量、库存量、库存周期，影响到配送中心的作业能力和设备的配置，也影响到配送中心的面积和空间的需求。因此，应对库存量和库存周期进行详细的分析。

4. 配送物品价值

配送计划预算或结算时，配送成本的计算往往会按物品的比例进行计算。如果物品的价值高则其百分比相对会比较低，客户能够负担得起；如果物品的单价低则其百分比相对会比较高，客户会感觉负担较重。

5. 物流渠道

物流渠道大致有以下几种模式：

（1）生产企业—配送中心—分销商—零售商—消费者；

（2）生产企业—分销商—配送中心—零售商—消费者；

（3）生产企业—配送中心＋零售商—消费者；

（4）生产企业—配送中心—消费者。

制订物流配送计划时，应根据配送中心在物流渠道中的位置和上下游客户的特点进行规划。

6. 物流服务水平

衡量物流服务水平的指标主要包括订货交货时间、货品缺货率和增值服务能力等。配送中心应该针对客户的需求，制定一个合理的服务水准，使配送服务与配送成本均衡，实现客户满意。

7. 物流交货期

物流交货期是指从客户下订单开始，经过订单处理、库存查询、集货、流通加工、分拣、配货、装车、送货后，到达客户手中的这段时间。

物流的交货时间依厂商的服务水准不同，可分为 2 小时、12 小时、24 小时、2 天、3 天、1 星期等几种。

第四步：了解配送计划的决策

配送计划的决策最主要考虑以下问题。

1. 基本配送区域划分

首先，对客户所在地的具体位置做系统统计，并将其进行区域上的整体划分，再将每一客户包括在不同的基本配送区域之中，以作为配送决策的基本参考。例如，按行政区域或交通条件分配送区域。

2. 车辆配载

由于配送货物品种、特性差异，为提高送货效率，确保货物品质，在接到客户订单后，应首先对货物分类，决定采取不同的送货方式和运输工具。例如，根据食品、冷冻食品、服装、图书等进行分类配载。然后，根据货物的轻重缓急，做好车辆的初步配装工作。

3. 暂定配送先后顺序

根据客户订单的交货期要求，将送货的先后顺序做大致的预定，为后续车辆积载做准备工作，以有效保证送货时间，提高运作效率。

4. 车辆安排

车辆安排要解决的问题是安排什么类型、什么吨位的配送车辆，是使用自用车还是外雇车。首先，要了解有哪些车辆可供调派且符合要求，也就是了解这些车辆的容积和额定载重量是否满足要求；其次，分析订单物品信息，如重量、数量、体积、装卸要求、包装要求、运输要求等。综合考虑各方面影响因素后，做出合适的车辆安排。

5. 决定每辆车负责的客户

6. 路线选择

知道了每辆车需负责的客户后，根据各客户点的位置关联性及交通状况来作送货路线的选择，以最快的速度完成这些客户点的配送。除此之外，对于有些客户或所在环境有送达时间要求的也要加以考虑，像有些客户不愿中午收货，或是有些道路在高峰时间不准卡车进入等，都必须尽量在选择路线时避开。

7. 确定最终送货顺序

8. 车辆装载方式

确定了客户的配送顺序，接下来就是如何将货品装车，以什么次序上车的问题。原则上，知道了客户的配送顺序后，只要将货品依后送达先上车的顺序装车即可，但有时为妥善利用空间，可能还要根据货品的性质（怕震、怕撞、怕湿）、形状、容积及重量等来做弹性置放。此外，有些货品的装卸方式也有必要依货品的性质、形状等来决定。

第五步：制订本次配送任务的配送计划，形成配送计划书

（三）编制过程

统计三个门店的配送货物的体积及重量如下：

A 店：

龙井茶叶：$T = 85 \times 60 \times 45 \times 50 = 11475000$（cm³） $G = 11 \times 50 = 550$（kg）

光明牛奶：$T = 70 \times 50 \times 35 \times 100 = 12250000$（cm³） $G = 8.5 \times 100 = 850$（kg）

东北大米：$T = 100 \times 45 \times 20 \times 40 = 3600000$（cm³） $G = 50 \times 40 = 2000$（kg）

可口可乐：$T = 60 \times 35 \times 50 \times 65 = 6825000$（cm³） $G = 8.5 \times 65 = 552.5$（kg）

雪碧：$T = 60 \times 35 \times 50 \times 65 = 6825000$（cm³） $G = 8.5 \times 65 = 552.5$（kg）

配送所需总体积：$T = 11475000 + 12250000 + 3600000 + 6825000 \times 2 = 40975000$（cm³）

配送所需总重量：$G = 550 + 850 + 2000 + 552.5 + 552.5 = 4505$（kg）

B 店：

雕牌洗衣粉：$T = 75 \times 55 \times 40 \times 50 = 8250000$（cm³） $G = 11 \times 50 = 550$（kg）

力士香皂：$T = 60 \times 30 \times 25 \times 40 = 1800000$（cm³） $G = 4.25 \times 40 = 170$（kg）

天元饼干：$T = 90 \times 80 \times 70 \times 100 = 50400000$（cm³） $G = 6.5 \times 100 = 650$（kg）

可口可乐：$T = 60 \times 35 \times 50 \times 80 = 8400000$（cm³） $G = 8.5 \times 80 = 680$（kg）

配送所需总体积：$T = 8250000 + 1800000 + 50400000 + 8400000 = 68850000$（cm³）

配送所需总重量：$G = 550 + 170 + 650 + 680 = 2050$（kg）

C 店：

喜多毛巾：$T = 75 \times 45 \times 50 \times 20 = 3375000$（cm³） $G = 10.5 \times 20 = 210$（kg）

可口可乐：$T = 60 \times 35 \times 50 \times 100 = 10500000$（cm³） $G = 8.5 \times 100 = 850$（kg）

光明牛奶：$T = 70 \times 50 \times 35 \times 100 = 12250000$（cm³） $G = 8.5 \times 100 = 850$（kg）

雪碧：$T = 60 \times 35 \times 50 \times 100 = 10500000$（cm³） $G = 8.5 \times 100 = 850$（kg）

东北大米：$T = 100 \times 45 \times 20 \times 20 = 1800000$（cm³） $G = 50 \times 20 = 1000$（kg）

配送所需总面积：

$T = 3375000 + 10500000 + 12250000 + 10500000 + 1800000 = 38425000$（cm³）

配送所需总重量：$G = 210 + 850 + 850 + 850 + 1000 = 3760$（kg）

客户 A：配送货物总重为 4505kg；总体积为 41.3m³。

客户 B：配送货物总重为 2050kg；总体积为 69m³。

客户 C：配送货物总重为 3760kg；总体积为 38.5m³。

1. 配送车辆选择

根据上述订单货物重量和体积的统计数据，需 2 辆装载货物容积在 40m³ 左右的厢

式货车进行配送，故选择××牌开启厢式货车。其货厢尺寸：7600mm×2500mm×2500mm；整备质量6310kg；额定质量5800kg。各类性能指标均达到同类产品先进水平，并有防雨、防尘、防晒、防盗、耐腐蚀等优点具体参数如下：

产品名称：××牌7米6飞翼车

外型尺寸（mm）：9995×2550×3850

整车型号：DFL5120XYKBX1

货厢尺寸（mm）：7600×2500×2500

总质量（kg）：12305

接近/离去角（°）：20/8

额定质量（kg）：5800

前悬/后悬（mm）：1430/2965

整备质量（kg）：6310

最高车速（km/h）：90

排放标准：GB 3847—2005，GB 17691—2005 国Ⅲ

根据车辆参数计算可知，配送车辆箱内容积为：$7.6 \times 2.5 \times 2.5 = 47.5$（m³）；可装载货物容积为：$47.5 \times 0.85 = 40$（m³）。

2. 配送线路

根据案例中的配送点分布图以及个配送点对配送时间的要求。制定如下配送线路：

（1）配送中心—B公司—配送中心

（2）配送中心—A公司—配送中心

（3）配送中心—C公司—配送中心

3. 配送计划

由于B公司配送货物数量体积最大，且配送时间最早，故先安排两辆配送卡车同时配送B公司。配送完成后返回配送中心；然后一辆卡车配送A公司货物，另一辆卡车配送C公司货物，两公司配送同时进行。根据上海市杨浦区统计局关于主干道平均车速统计为43km/h，为保险起见，被配送计划将配送车辆车速设为40km/h。货物装卸分别需时30min。根据配送时间安排：

8：00am：1号配送车开始装载B公司货物，2号配送车就位等待。

8：30am：1号配送车配送完成，开始发车并通知B公司做好收货准备，30min后达到；同时2号车开始装货。

9：00am：1号车到达B公司开始卸货；2号车装载完成，开始发车并通知B公司做好收货准备，30min后到达。

9：30am：1号车卸货完毕，开始返回配送中心并通知配送中心开始为A公司备货；2号车到达B公司，开始卸货。

10：00am：1号车到达配送中心，开始装载A公司货物；2号车卸载完成，开始返回配送中心，并通知配送中心开始为C公司备货。

10：30am：1号车装载完成，开始发车并通知A公司做好收货准备，30min后达到；2号车返回配送中心，开始进行C公司装货作业。

11：00am：1号车达到A公司并开始卸货；2号车装货完成，开始发车并通知C公司做好收货准备，30min后达到。

11：30am：1号车卸货完成，开始返回配送中心；2号车到达C公司并开始卸货。

12：00am：1号车回到配送中心；2号车卸货完成，开始返回配送中心。

12：30am：2号车到达配送中心，本次配送任务完成。

4. 车辆装载

（1）配载原则：下重上轻原则、易碎勿压原则、重心居中原则、异味隔离原则。

（2）车辆配载示意图如图6－2、图6－3、图6－4所示：

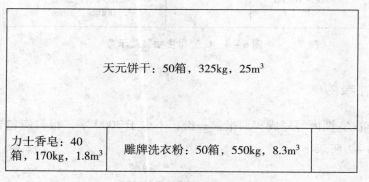

（a）B公司1号配送车装卸示意

（b）B公司2号配送车装卸示意

图6－2　B公司货物装载示意

— 71 —

| 雪碧：65箱，552.5kg，6.5m³ | 光明牛奶：100箱，850kg，12.3m³ | 龙井茶叶：50箱，550kg，11.5m³ |
| 可口可乐：65箱，552.5kg，6.5m³ | | 东北大米：40袋，2000kg，4.5m³ |

图6-3 A公司货物装载示意

| 喜多毛巾：20箱，230kg，3.37m³ | 可口可乐：100箱，850kg，10.5m³ | 光明牛奶：100箱，850kg，12.3m³ |
| 雪碧：100箱，850kg，10.5m³ | | 东北大米：20袋，1000kg，1.8m³ |

图6-4 C公司货物装载示意

五、实训考核

要求就本次实训内容完成实训报告一份，不少于3000字，报告应包含的内容及评分标准如表6-2所示：

表6-2 任务一实训报告考核标准

	考核内容	内容标准	分值	得分
报告内容	所做的准备工作（基本知识点）	相关工作准备充分	10	
	车辆配载	车辆配载、积载合理	25	
	配送顺序	配送的路线选择是否合理，先后顺序是否最合理	20	
	车辆安排	车辆选择是否最节约空间和核定重量	20	
	配送路线合理	实训过程中敬业精神、组织协调能力及团队合作精神等的表现	20	
格式	格式正确，排版美观		5	
	总分		100	

任务二　配送中心结构设计

一、实训目的

通过设计配送中心的结构，使学生掌握配送中心内车流布置的原理、库房和通道、装卸平台设计的方法和步骤，并了解设计过程中的注意事项。

二、课时安排

4 课时

三、实训准备

1. 熟练掌握配送中心结构设计的相关基本知识和工作基本要求。

2. 根据任务量及学生分组情况，确定由学生自己推选的团队负责人，并指导负责人为每一个学生进行分工。

3. 教师组织相关案例，准备好实训数据。

四、实训设计

（一）配送中心内车流的布置

（1）为保证配送中心内车辆行驶次序井然，可采用"单向行驶、分门出入"的原则。

（2）具体规定大型车、中型卡车、小车的出入口以及车辆行驶路线。

（3）设计内部的车道应该呈环状，不应出现尽端式回车场，并结合消防道路布置。

（4）配送中心的主要道路，通常为 4 车道，甚至 6 车道，考虑到大型卡车、集装箱车进出，最小转变半径不宜小于 15m。车道应为高级沥青路面。

配送中心的建筑构造，一般可以分为单层和多层两种形式。但是基于本实训对建筑面积的要求及配送中心占地面积的考虑配送中心可以采用两层的建筑设计。天花板高度：通常平房建筑的天花板高度为 5.5~7m，多层建筑物的天花板高度多数情况是：一层 5.5~7m，二层 5~6m。首先，决定配送中心对外的道路连接形式，以决定出入口位置及内部配置形式；其次，决定配送中心内部空间范围、大小及长宽比例；最后，决定配送中心内从进货到出货的动线形式，如图 6-5 所示：

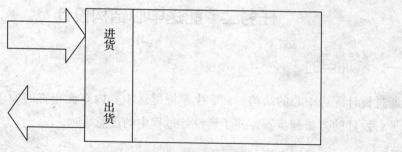

图 6-5　配送中心内车流的布置

（二）配送中心内部布置

根据作业流程顺序配置各作业区位置，首先安排面积较大且长宽比例不易变动的区域，如储存或分类收货等作业区域；之后再插入面积较小且长宽比例较易调整的区域，如理货区或暂存区等并决定行政办公区位置。

进行各作业流程与活动关联的布置组合，并考虑各种可能的布置配合，若有违反关联性原则者，则回到步骤三调整，直到动线形态、活动区域配置与区域间关联性取得一致为止，如图 6-6 所示：

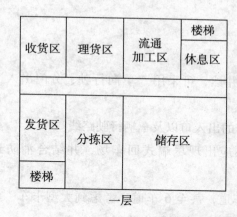
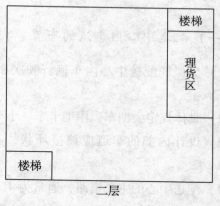

图 6-6　配送中心布置

当使用托盘货架储存物品时，计算存货占地面积，除考虑货品尺寸和数量、托盘尺寸、货架形式和层数之外，还要考虑相应通道空间。

设货架为 L 层，每个托盘可堆放 N 箱货物，平均存货量为 Q，则存货需要的占地托盘数 P 为：

$$P = Q/(L \times N)$$

（三）库房设计

库房设计如图6-7所示：

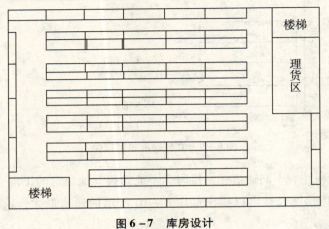

图6-7　库房设计

细节图如图6-8所示：

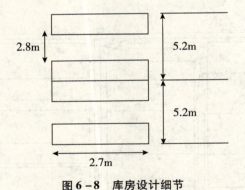

图6-8　库房设计细节

柱跨度是指一根柱子的中心线到另一根柱子的中心线的距离。优化柱跨度有利于提高物流中心的存储效率和运作效率，决定柱跨度必须考虑存储设备和托盘的尺寸。不规则的柱跨度易形成风险区，并且增加搬运设备的损耗，使得面积利用率不高，降低作业效率。立柱跨度根据模型如图6-9所示：

（四）通道设计

通道设计的原则包括：

（1）流量经济性。即在厂房通道内，人员与物品的移动要形成流通线。

（2）空间经济性。即考虑空间率，有效发挥通道效益。

（3）安全条件。遇到紧急情况，有利于人员撤离和逃生。

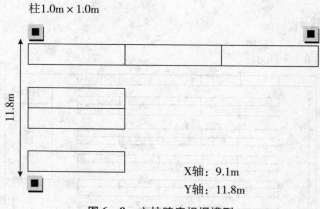

柱1.0m×1.0m

11.8m

X轴：9.1m

Y轴：11.8m

图6-9 立柱跨度根据模型

（4）交通互利性。不同通道在衔接时，不能妨碍其他通道的正常通行。

根据前面对库房的设计可以得出如图6-10所示的通道形式，这种设计的通道的面积占用率为20%。

本配送中心通道宽度采用常规通道宽度，即：中通道宽度4m；辅助通道宽度3m；人行通道1m。

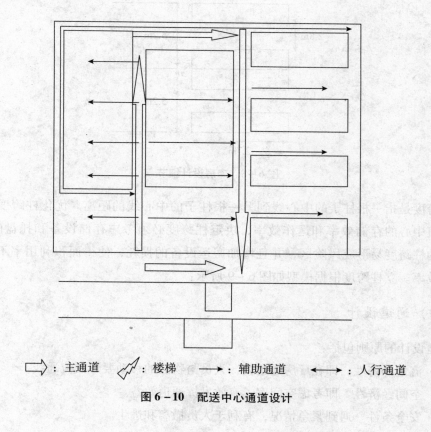

⇨：主通道   ↗：楼梯   →：辅助通道   ←：人行通道

图6-10 配送中心通道设计

（五）配送中心装卸平台设计

直接式是最常见的形式，站台门开在外墙上，货车后面靠上门，即可装卸货。因为货车箱底面与站台高度可能有差异，故需要站台登车桥。直接式也有货车侧面靠门的，这时货车厢侧面开门装卸货。为防止风雨影响，可采用能与 8 英尺宽、8~8.5 英尺高的标准集装箱货货车箱后门无缝对接的密封门，或在外墙上搭，如图 6-11 所示：

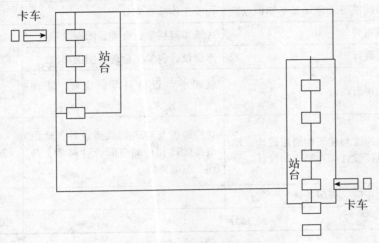

图 6-11 配送中心装卸平台

地面负荷能力是指仓库地面的平整度和承载能力的指标。对地面负荷能力的要求，目的是保证设备安全使用和作业的正常进行。地面负荷能力由保管货物的种类/比重/货物堆垛高度和使用的装卸机械所决定。通常仓库地面负荷强度要求在 4000lb/ft^2 或 280kg/cm^2 以上。

一般地面负荷强度规定如下：

（1）平房建筑物：平均每平方米负荷 2.5~3.0t。

（2）多层建筑物：一层，每平方米负荷 2.5~3.0t；二层，每平方米负荷 2.0~2.5t；地面负荷强度由货架、货物载重以及堆高机轮压来决定的。一是有货架和货物载重；二是有堆高机轮压，即：

$$堆高机轮压 = \frac{安全系数 \times (堆高机自重 + 货物载重)}{4}$$

其中，安全系数是考虑到堆高机作业时对地面的冲击力而预留的 1.3~1.5 倍的负荷能力。地面的平整度通常由堆高机作业对货物的稳定性要求和速度限制，以及货架高度等因素决定。通常仓库地面的平整度为 1%，即地面 2m 以内误差不大于 2cm。此处选择固定式登车桥连接地面和装卸平台。

五、实训考核

要求就本次实训内容完成实训报告一份，不少于 3000 字，报告应包含的内容及评分标准，如表 6-3 所示：

表 6-3 　　　　　　　　　　　**任务二实训报告考核标准**

	考核内容	内容标准	分值	得分
报告内容	所做的准备工作（基本知识点）	相关工作准备充分	10	
	区域布置	区域布置科学、合理，图面简洁	20	
	库房设计	库房设计科学、合理，图面简洁	25	
	装卸平台设计	装卸平台设计科学、合理，图面简洁	20	
	立柱跨度与建筑物通道设计、地面负荷设计和存储空间设计	立柱跨度与建筑物通道设计、地面负荷设计和存储空间设计科学、合理，图面简洁	20	
格式	格式正确，排版美观		5	
总分			100	

项目七　企业库存管理

一、实训目的

通过对库存管理软件的模拟，使学生深入了解库存管理的理念，掌握库存管理和控制的方法、库存盘点的方法，以及库存报表的填写。

二、课时安排

4 课时

三、实训准备

1. 提前检查实训室网络连接是否畅通，以及系统运行状态是否正常。

2. 添加必需的基础数据，设置好软件使用状态。

3. 介绍软件使用的方法，使学生明确对软件的操作。给学生分组，并分配相应的账号。

4. 介绍库存管理的基本方法和库存报表填写的注意事项，并介绍软件涉及的主要内容，并指出难点，使学生对软件有初步的了解。

四、实训设计

库存管理实训包括物流公司库存管理的方法、ABC 库存管理控制法、经济订货批量和库存盘点等（以中海 2000 供应链模拟系统——库存管理模块为例）。

1. ABC 产品控制

所谓 ABC 库存控制法是指根据库存物品的价格来划分物品的重要程度，分别采取不同的管理措施。

单击【仓库管理】→【ABC 产品控制】，进入 ABC 产品分类页面，按 ABC 库存管理控制法对产品进行分类操作。

（1）选择产品，单击【ABC 控制】按扭，如图 7 - 1 所示：

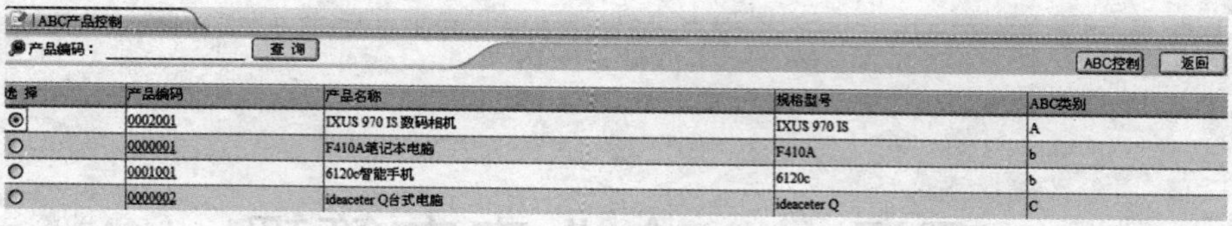
ABC产品控制

产品编码： 查 询

ABC控制 返回

选 择	产品编码	产品名称	规格型号	ABC类别
◉	0002001	IXUS 970 IS 数码相机	IXUS 970 IS	A
○	0000001	F410A笔记本电脑	F410A	b
○	0001001	6120c智能手机	6120c	b
○	0000002	ideaceter Q台式电脑	ideaceter Q	C

图 7－1　产品列表

（2）选择 ABC 类别，单击【保存】按扭，完成分类操作，如图 7－2 所示：

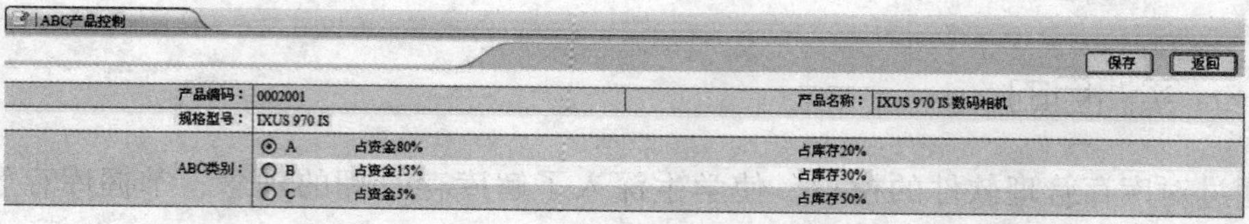
ABC产品控制

保存 返回

产品编码：	0002001	产品名称：	IXUS 970 IS 数码相机
规格型号：	IXUS 970 IS		
ABC类别：	◉ A　占资金80%		占库存20%
	○ B　占资金15%		占库存30%
	○ C　占资金5%		占库存50%

图 7－2　产品分类页面

功能按扭说明：

查询：根据产品编码查询产品 ABC 分类信息。

ABC 控制：跳转至 ABC 类别选择页面。

保存：保存新增或修改的产品 ABC 类别信息。

返回：关闭当前页面，跳转至上一层页面。

2. ABC 物料控制

所谓 ABC 库存控制法是指根据库存物品的价格来划分物品的重要程度，分别采取不同的管理措施。

单击【仓库管理】→【ABC 物料控制】，进入 ABC 物料分类页面，按 ABC 库存管理控制法对物料进行分类操作。

（1）选择物料，单击【ABC 控制】按扭，如图 7－3 所示：

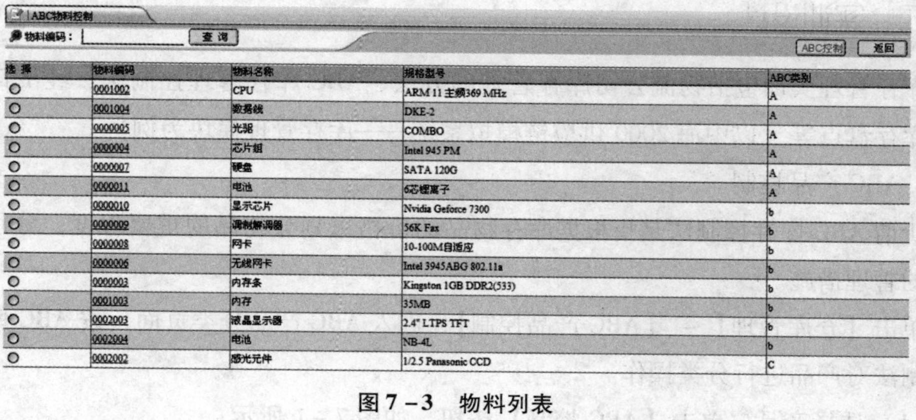
ABC物料控制

物料编码： 查 询

ABC控制 返回

选 择	物料编码	物料名称	规格型号	ABC类别
○	0001002	CPU	ARM 11 主频369 MHz	A
○	0001004	数据线	DKE-2	A
○	0000005	光驱	COMBO	A
○	0000004	芯片组	Intel 945 PM	A
○	0000007	硬盘	SATA 120G	A
○	0000011	电池	6芯锂离子	A
○	0000010	显示芯片	Nvidia Geforce 7300	b
○	0000009	调制解调器	56K Fax	b
○	0000008	网卡	10-100M自适应	b
○	0000006	无线网卡	Intel 3945ABG 802.11a	b
○	0000003	内存条	Kingston 1GB DDR2(533)	b
○	0001003	内存	35MB	b
○	0002003	液晶显示器	2.4" LTPS TFT	b
○	0002004	电池	NB-4L	b
○	0002002	感光元件	1/2.5 Panasonic CCD	C

图 7－3　物料列表

（2）选择 ABC 类别，单击【保存】按扭，完成分类操作，如图 7-4 所示：

图 7-4　物料分类页面

功能按扭说明：

查询：根据物料编码查询物料 ABC 分类信息。

ABC 控制：跳转至 ABC 类别选择页面。

保存：保存新增或修改的物料 ABC 类别信息。

返回：关闭当前页面，跳转至上一层页面。

3. EOQ 管理

EOQ（Economic Oder Quality）：是指经济订货批量，其原理是要求总费用（库存费用＋采购费用）最小。由于库存的费用随着库存量的增加而增加，但采购成本却随着采购批量的加大而减少（采购批量加大，库存也就增加），因此这是一对矛盾，不能一味地减少库存，也不能一味地增加采购批量。这就要找到一个合理的订货批量，使总成本上升（库存成本与采购成本之和）为最小，经济订货批量就是对这个合理订货批量的求解。本模块对生产所需的物料进行 EOQ 计算，得出订货点和经济订货批量。

单击【仓库管理】→【EOQ 管理】，进入 EOQ 管理页面，进行 EOQ 计算。

（1）选择 MRP 主需求运算结果单，单击【EOQ 计算】按扭，如图 7-5 所示：

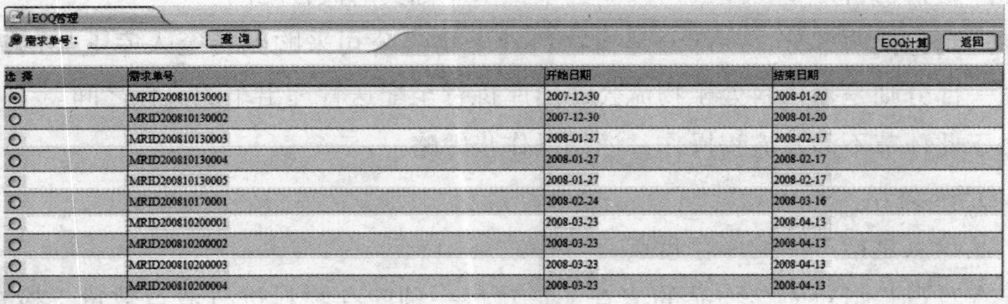

图 7-5　主需求单列表

（2）单击【EOQ 计算】按扭，完成 EOQ 计算，如图 7-6 所示：

功能按扭说明：

查询：根据 MRP 运算结果单号查询 MRP 运算结果单，进而方便查看该单对应的 EOQ 计算结果。

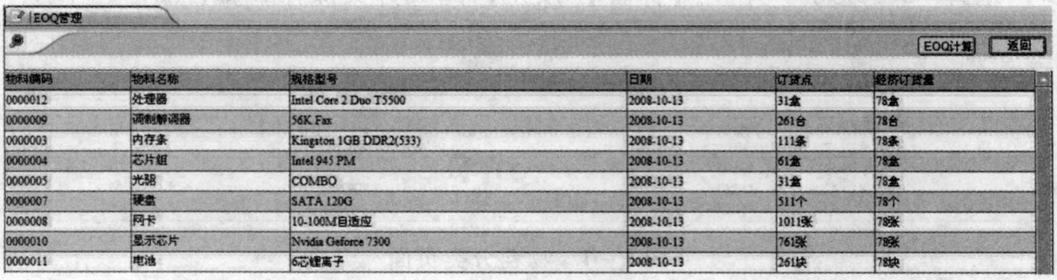

物料编码	物料名称	规格型号	日期	订货点	经济订货量
0000012	处理器	Intel Core 2 Duo T5500	2008-10-13	31盒	78盒
0000009	调制解调器	56K Fax	2008-10-13	261台	78台
0000003	内存条	Kingston 1GB DDR2(533)	2008-10-13	111条	78条
0000004	芯片组	Intel 945 PM	2008-10-13	61盒	78盒
0000005	光驱	COMBO	2008-10-13	31盒	78盒
0000007	硬盘	SATA 120G	2008-10-13	511个	78个
0000008	网卡	10-100M自适应	2008-10-13	1011张	78张
0000010	显示芯片	Nvidia Geforce 7300	2008-10-13	761张	78张
0000011	电池	6芯锂离子	2008-10-13	261块	78块

图 7-6　EOQ 计算页面

EOQ 计算（第一页面）：跳转至 EOQ 计算页面。

EOQ 计算（第二页面）：执行 EOQ 计算。

返回：关闭当前页面，跳转至上一层页面。

4. 产品库存

产品库存管理产品的库存情况。

本系统把产品库存分为三种状态：在制、在途、在库。

在制是指从制造商生产收料至生产完成之间由物料制成产品的过程。

产品在库是指产品处于物流公司入库上架至出库拣货的流程之间。

在途则包括两部分，一部分是指产品处于制造商成品入库至物流公司入库上架的流程之间，另一部分则是指产品处于物流公司出库拣货至零售商到货签收的流程之间。

由于此环节不涉及流程操作，详细操作步骤略。

5. 物料库存

物料库存管理物料的库存情况。

本系统把物料库存分为两种状态：在途和在库。

在库是指物料处于物流公司入库上架至出库拣货的流程之间。

在途则包括两部分，一部分是指物料处于物流公司采购到货至入库上架的流程之间，另一部分则是指物料处于物流公司出库拣货至配送管理出车的流程之间。

由于此环节不涉及流程操作，详细操作步骤略。

6. 产品盘点

产品盘点是指产品的库存盘点。

库存盘点是指对库存物品的清查，是对每一种库存物料进行清点数量、检查质量及登记盘点表的库存管理过程，其目的主要是为了清查库存的实物是否与账面数相符以及库存物资的质量状态（即可用库存量）。实物数与账面数有出入的，要调整物料的账面数量，做到账物相符，并且应遵守相应的管理处理流程。

单击【仓库管理】→【产品盘点】，进入产品盘点页面，进行产品盘点操作。

（1）单击【新增】按扭，如图 7-7 所示：

图 7-7　添加盘点单页面

（2）选择产品，单击【确定】按扭，如图 7-8 所示：

图 7-8　选择盘点产品页面

（3）填写相应输入项，单击【保存】按扭，完成盘点操作，如图 7-9 所示：

图 7-9　编辑产品盘点单页面

（4）选择盘点单，单击【填单练习】按扭，跳转至对应产品盘点单据填写页面，填写各输入项，保存填写的产品盘点单据信息，如图 7-10 所示（这里的填单练习主要是把产品盘点的相关操作结果单据化）。

图 7-10　存货盘点页面

功能按扭说明：

新增：进入产品盘点单的新增模式，跳转至产品列表页面，该列表列出了仓库中的待盘点产品。

编辑：进入产品盘点单的编辑模式，跳转至产品盘点单编辑页面。

删除：删除选中的产品盘点单。

确定：确认所做选择。

保存：保存新增或修改的产品盘点单信息。

返回：关闭当前页面，跳转至上一层页面。

7. 物料盘点

单击【仓库管理】→【物料盘点】，进入物料盘点页面，进行物料盘点操作。

（1）单击【新增】按扭，如图 7 - 11 所示：

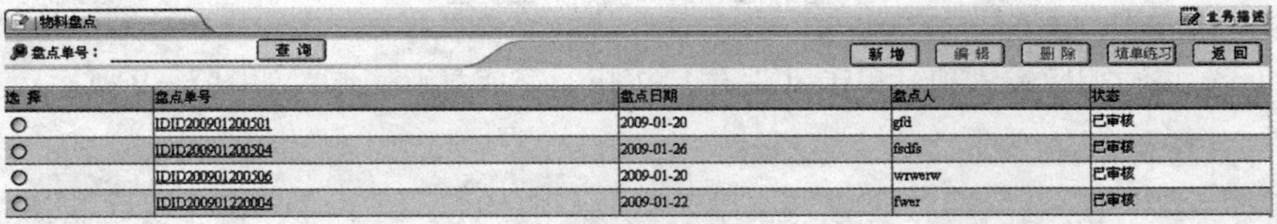

图 7 - 11　盘点单列表

（2）选择物料，单击【确定】按扭，如图 7 - 12 所示：

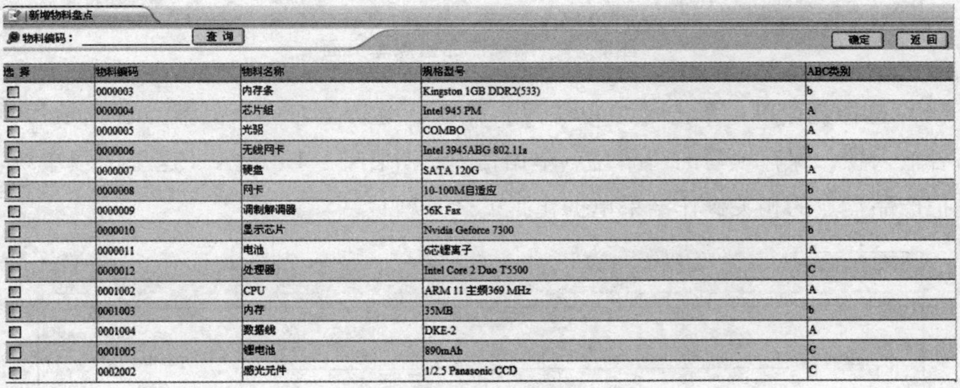

图 7 - 12　物料选择页面

（3）填写相应输入项，单击【保存】按扭，完成盘点操作，如图 7 - 13 所示：

（4）选择盘点单，单击【填单练习】按扭，跳转至对应物料盘点单据填写页面，填写各输入项，保存填写的物料盘点单据信息，如图 7 - 14 所示（这里的填单练习主要是把物料盘点的相关操作结果单据化）。

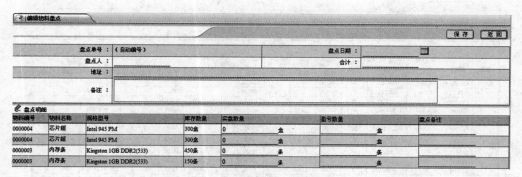

图 7-13 编辑物料盘点页面

存货盘点

第 IDID200901200506 号

序号	编码	名称	规格型号	单位	账面数		盘点数		盘盈数		盘亏数		备注
					数量	金额	数量	金额	数量	金额	数量	金额	
1	0001002	灯芯绒	ARM 11 主频369 MHz	盒	0	0	43	5160.0元	43	5160.0元	0	0	
2	0000008	机车线	10-100M	筒	300	5550.0元	34	629.0元	0	0	266	4921.0元	
3	0000004	膨体毛	Bp02	箱	1200	180000.0元	324	48600.0元	0	0	876	131400.0元	
4	0001004	WL纽扣	DKE-2	袋	0	0	3	60.0元	3	60.0元	0	0	
5	0000003	安哥拉兔毛	AGL_102	箱	0	0	0	0	0	0	0	0	
6	0000010	麻	Nvidia-12	箱	1200	18960.0元	234234	3700897.2元	233034	3681937.2元	0	0	
7	0001005	裤镜里料	890mA	块	0	0	324	32400.0元	324	32400.0元	0	0	
8	0002002	涤毛面料	1/2.5CD	捆	0	0	0	0	0	0	0	0	
9													
10													
合计					2700	204510.0元	234962.0	3787746.2元	233404	3719557.0元	1142	136321元	

仓库主管：　　　核对者：　　　财务：　　　盘点人：　　　录入员：

图 7-14 存货盘点页面

功能按扭说明：

新增：进入物料盘点单的新增模式。跳转至物料列表页面，该列表列出了仓库中的待盘点物料。

编辑：进入物料盘点单的编辑模式，跳转至物料盘点单编辑页面。

删除：删除选中的物料盘点单。

确定：确认所做选择。

保存：保存新增或修改的物料盘点单信息。

返回：关闭当前页面，跳转至上一层页面。

8. 库存报表

单击【仓库管理】→【库存报表】，进入库存报表页面，如图 7-15 所示。

功能按扭说明：

日期控件：选择想要生成库存报表的时间段（前一日期必须早于后一日期）。

确定：确认需要页面显示所选时间段内的产品及物料库存情况（即选择好一段

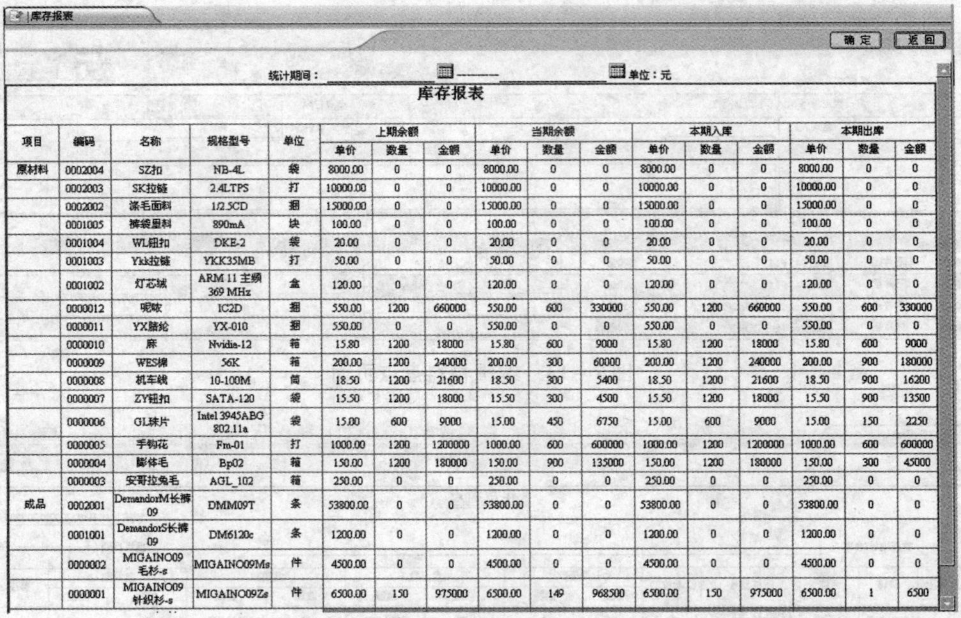

库存报表

项目	编码	名称	规格型号	单位	上期余额			当期余额			本期入库			本期出库		
					单价	数量	金额	单价	数量	金额	单价	数量	金额	单价	数量	金额
原材料	0002004	SZ扣	NB-4L	袋	8000.00	0	0	8000.00	0	0	8000.00	0	0	8000.00	0	0
	0002003	SK拉链	2.4LTPS	打	10000.00	0	0	10000.00	0	0	10000.00	0	0	10000.00	0	0
	0002002	涤毛面料	1/2.5CD	捆	15000.00	0	0	15000.00	0	0	15000.00	0	0	15000.00	0	0
	0001005	裤袋里料	890mA	块	100.00	0	0	100.00	0	0	100.00	0	0	100.00	0	0
	0001004	WL钮扣	DKE-2	袋	20.00	0	0	20.00	0	0	20.00	0	0	20.00	0	0
	0001003	Ykk拉链	YKK35MB	打	50.00	0	0	50.00	0	0	50.00	0	0	50.00	0	0
	0001002	灯芯绒	ARM 11 主频 369 MHz	盒	120.00	0	0	120.00	0	0	120.00	0	0	120.00	0	0
	0000012	呢绒	IC2D	捆	550.00	1200	660000	550.00	600	330000	550.00	1200	660000	550.00	600	330000
	0000011	YX腈纶	YX-010	捆	550.00	0	0	550.00	0	0	550.00	0	0	550.00	0	0
	0000010	麻	Nvidia-12	箱	15.80	1200	18000	15.80	600	9000	15.80	1200	18000	15.80	600	9000
	0000009	WES棉	56K	箱	200.00	1200	240000	200.00	300	60000	200.00	1200	240000	200.00	900	180000
	0000008	机车线	10-100M	筒	18.50	1200	21600	18.50	300	5400	18.50	1200	21600	18.50	900	16200
	0000007	ZY钮扣	SATA-120	袋	15.50	1200	18000	15.50	300	4500	15.50	1200	18000	15.50	900	13500
	0000006	GL珠片	Intel 3945ABG 802.11a	袋	15.00	600	9000	15.00	450	6750	15.00	600	9000	15.00	150	2250
	0000005	手钩花	Fm-01	打	1000.00	1200	1200000	1000.00	600	600000	1000.00	1200	1200000	1000.00	600	600000
	0000004	膨体毛	Bp02	箱	150.00	1200	180000	150.00	900	135000	150.00	1200	180000	150.00	300	45000
	0000003	安哥拉兔毛	AGL_102	箱	250.00	0	0	250.00	0	0	250.00	0	0	250.00	0	0
成品	0002001	DemandorM长裤09	DMM09T	条	53800.00	0	0	53800.00	0	0	53800.00	0	0	53800.00	0	0
	0001001	DemandorS长裤09	DM6120c	条	1200.00	0	0	1200.00	0	0	1200.00	0	0	1200.00	0	0
	0000002	MIGAINO09毛衫-s	MIGAINO09Ms	件	4500.00	0	0	4500.00	0	0	4500.00	0	0	4500.00	0	0
	0000001	MIGAINO09针织衫-s	MIGAINO09Zs	件	6500.00	150	975000	6500.00	149	968500	6500.00	150	975000	6500.00	1	6500

图 7－15　库存报表页面

时间后，单击“确定”按扭，页面就会显示出这个时间段内的产品及物料的库存情况）。

返回：关闭当前页面，跳转至上一层页面。

五、实训考核

模拟软件会对每个账号自动生成实训报告一份，由教师端收集并保存实训报告，对实训报告进行考核所依据的标准，如表 7－1 所示：

表 7－1　　实训报告考核标准

考核内容		内容标准	分值	得分
报告内容	企业库存控制流程	流程是否完整	15	
	库存控制方法应用	库存方法应用是否正确	20	
	相关单据填写	单据填写是否准确、翔实	20	
	信息添加	所添加信息是否合理	25	
	综合素质表现	实训过程中敬业精神、组织协调能力及团队合作精神等的表现	15	
格式	格式正确，排版美观		5	
总分			100	

项目八　物流成本管理

一、实训目的

通过对物流成本管理软件的模拟，使学生深入了解物流企业成本管理的思路，并掌握项目预算和填写项目费用；掌握不同类型的成本核算方法，并进行绩效分析。

二、课时安排

4 课时

三、实训准备

1. 提前检查实训室网络连接是否畅通，以及系统运行状态是否正常。
2. 添加必需的基础数据，设置好软件使用状态。
3. 介绍软件使用的方法，使学生明确对软件的操作。给学生分组，并分配相应的账号。
4. 介绍物流成本管理中诸如项目预算、核算方法和绩效分析等知识点，并介绍软件涉及的主要内容和需要注意的问题，使学生对本软件有初步的了解。

四、实训设计

物流企业成本管理实训包含了物流成本的核算、绩效分析等活动（以中海 2000 物流企业成本管理软件为例）。

1. 项目管理

物流成本是根据项目来进行计算的，以项目为指引，对项目进行预算以及费用的输入。项目管理主要包括项目信息、建立项目、项目预算和项目费用输入等模块。

（1）项目信息。列表显示项目信息，并可以根据行业、项目类型、客户等对以往的项目进行查询。项目信息中默认显示的是一个月内的项目，对于历史项目，需要根据条件查询，如图 8 - 1 所示：

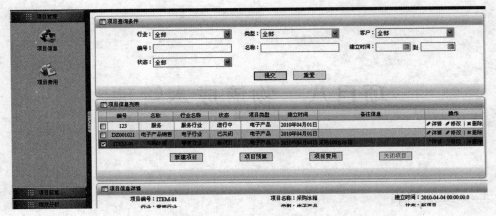

图 8 – 1 项目信息列表

（2）新建项目。所有的费用发生都是从项目开始，只有建立项目后，才能进行相关费用的添加，如图 8 – 2 所示：

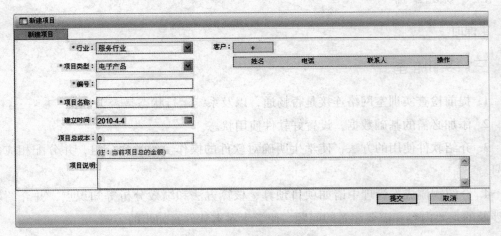

图 8 – 2 建立项目页面

在添加项目页面，选择项目所属的行业和项目类型，输入项目编号和项目名称，以及整个项目的总成本；并添加项目相关的客户，可以添加多个客户，也可以不需要客户信息。

（3）修改项目。项目建立以后，可以进行修改。只有正在进行的项目和新项目可以修改，已经完成的项目不允许修改，如图 8 – 3 所示。

（4）删除项目。不需要的项目可以被删除，正在进行和完成的项目不允许删除，只有新项目才可以被删除。

（5）项目预算。项目预算有两种类别，一种是按照物流功能预算，另一种是按照

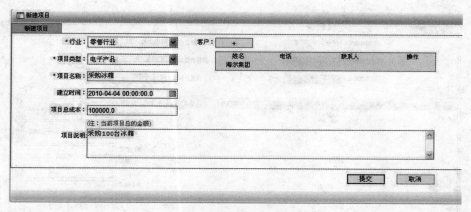

图 8 – 3 项目修改页面

支付形态预算。当选择物流功能预算时，列表中会出现物流功能，输入每个功能所预算的费用；当选择支付形态预算时，列表中会出现支付形态。如图 8 – 4 所示：

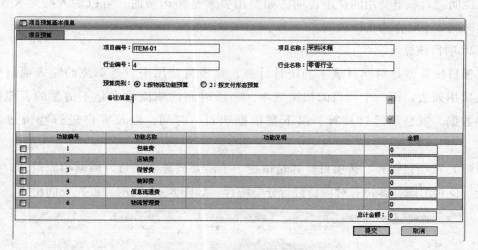

图 8 – 4 按照物流功能预算页面

（6）项目费用。项目费用页面左边的列表显示的是当前项目已经发生的费用信息，右边是费用输入区，可以输入新的费用，如图 8 – 5 所示：

物流范围：选择费用发生的范围。

物流功能：选择费用的功能。

支付形态：选择费用的支付形态。

费用要素：是指实际发生的费用名称，如搬运费，打包费，车辆运输费等。

费用：实际的费用。

发生时间：本费用发生的时间。

发生地点：本费用发生的地点。

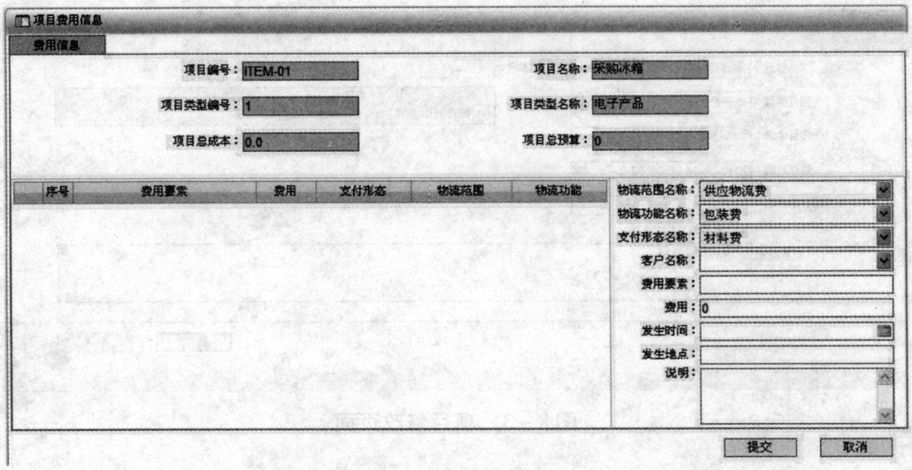

图 8-5　项目费用页面

说明：对该笔费用的详细说明，如费用要素是搬运费时，可以输入搬运人 3 人，搬运时间 2 小时作为备注说明。

2. 项目核算

项目核算就是对项目成本的统计计算，在项目费用中只是单纯的输入项目费用以及费用列表。而一个项目的物流成本，一段时间的物流成本是不清楚的，要得到这些数据，就必须经过核算。以下是根据项目、时间，以及客户进行物流成本的核算。

（1）按项目核算。按项目核算是指定一个需要核算的项目，根据物流范围、物流功能、支付形态、客户等对项目进行分类统计，如图 8-6 所示。首先查询出需要核算

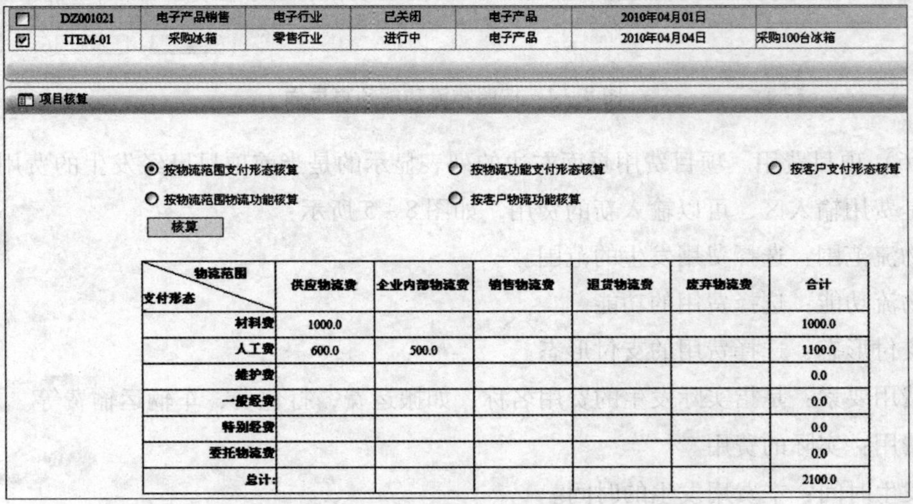

图 8-6　按项目核算页面

的项目，再选定一个核算项目。

①按物流范围支付形态核算：以物流范围为横坐标，支付形态为纵坐标列表统计；

②按物流功能支付形态核算：以物流功能为横坐标，支付形态为纵坐标列表统计；

③按客户支付形态核算：以客户为横坐标，支付形态为纵坐标列表统计；

④按物流范围物流功能核算：以物流范围为横坐标，物流功能为纵坐标列表统计；

⑤按客户物流功能核算：以客户为横坐标，物流功能为纵坐标列表统计。

（2）按时间核算。按时间核算是指定一段时间，计算这一段时间内各项费用发生的统计情况，根据物流范围、物流功能、支付形态、客户等进行分类统计，如图8-7所示：

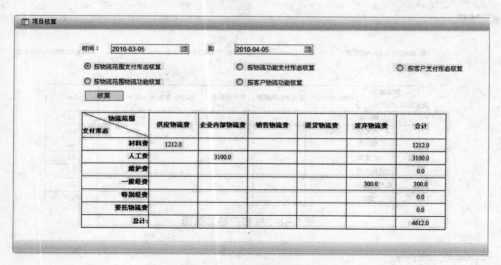

图8-7 按时间核算页面

①使用者可以指定所需要的统计时间段；

②按物流范围支付形态核算：以物流范围为横坐标，支付形态为纵坐标列表统计；

③按物流功能支付形态核算：以物流功能为横坐标，支付形态为纵坐标列表统计；

④按客户支付形态核算：以客户为横坐标，支付形态为纵坐标列表统计；

⑤按物流范围物流功能核算：以物流范围为横坐标，物流功能为纵坐标列表统计；

⑥按客户物流功能核算：以客户为横坐标，物流功能为纵坐标列表统计。

（3）按客户核算。按客户核算是核算某个客户的物流成本，根据物流范围，物流功能，支付形态分类统计，如图8-8所示：

①选择需要核算的客户；

②按物流范围支付形态核算：以物流范围为横坐标，支付形态为纵坐标列表统计；

③按物流功能支付形态核算：以物流功能为横坐标，支付形态为纵坐标列表统计；

④按物流范围物流功能核算：以物流范围为横坐标，物流功能为纵坐标列表统计。

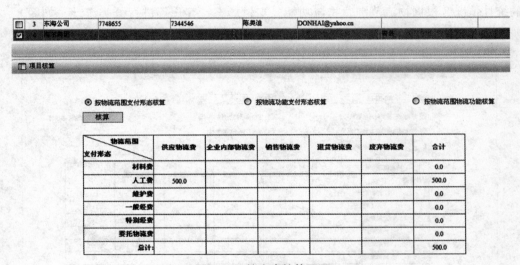

图8-8　按客户核算页面

3. 绩效分析

绩效分析只要是用图表的方式展现各种费用的成本，让使用者更能直观有效快速的分析物流成本的比重和偏移，为物流成本的决策性和方向性提供指引和帮助。绩效分析分别按项目、时间、年度走势和同期对比进行。

（1）按项目分析。按项目分析是对某一个项目进行分析，选定某一个项目，用柱状图和饼图表示项目中的费用组成，分别用物流功能、物流范围、支付形态和客户四个方面对项目进行剖析，如图8-9所示。

（2）按时间分析。按时间分析是对某一段时间进行分析，指定一个时间段，用柱状图和饼图表示项目中的费用组成，分别用物流功能、物流范围、支付形态和客户四个方面对项目进行剖析，如图8-10所示。

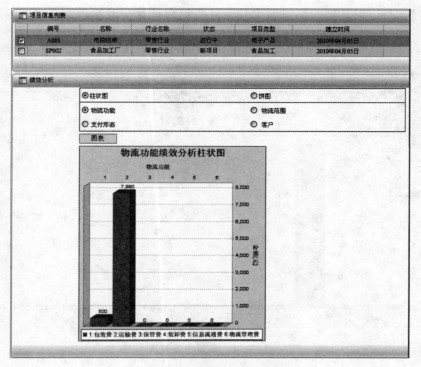

图 8 - 9 按项目绩效分析页面

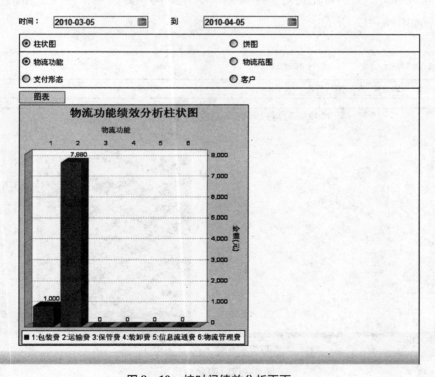

图 8 - 10 按时间绩效分析页面

①年度走势。对某年的物流成本按月进行汇总计算，以柱状图呈现，如图 8 – 11 所示：

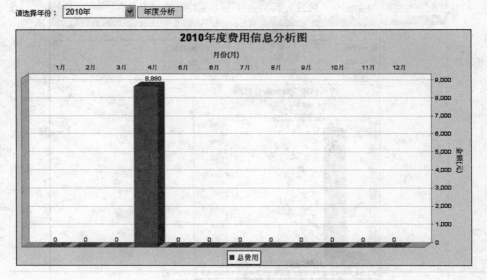

图 8 – 11　年度走势页面

②同期对比。同期对比是对当年某月与去年的同一月，某季度与去年的同一季进行对比，如图 8 – 12 所示：

图 8 – 12　同期对比页面

五、实训考核

模拟软件会对每个账号自动生成实训报告一份，由教师端收集并保存实训报告，对实训报告进行考核所依据的标准如表 8－1 所示：

表 8－1　　　　　　　　　　　　实训报告考核标准

考核内容		内容标准	分值	得分
报告内容	物流成本管理流程	流程是否完整、合理	25	
	相关单据填写	单据填写是否准确、翔实	15	
	数据添加	所添加数据是否准确、完善	25	
	项目选择	项目选择是否合理	15	
	综合素质表现	实训过程中敬业精神、组织协调能力及团队合作精神等的表现	15	
格式	格式正确，排版美观		5	
总分			100	

项目九 供应链构建与管理

任务一 供应链合作伙伴选择

一、实训目的

通过选择供应链合作伙伴训练，使学生掌握分析企业核心竞争力、竞争环境、顾客价值的方法，确定竞争战略的方法，能够掌握选择和评价合作伙伴的方法和流程。

二、课时安排

4 课时

三、实训准备

1. 简单介绍供应链及供应链管理基本知识。

2. 提醒学生注意供应链构建过程中可能出现的问题以及解决方案，注意供应链构建过程中核心企业同上下游企业之间的相互关系。

3. 根据任务量的情况将学生分组，确定由学生自己推选的团队负责人。

4. 联系相关合作企业或案例。

四、实训设计

第一步：分析市场竞争环境，识别市场机会

根据波特模型提供的原理和方法，通过调查、访问、分析等手段，对供应商、用户、现有竞争者及潜在竞争者进行深入研究，掌握第一手准确的数据、资料。进行市场竞争环境分析，进而识别可以利用的市场机会。

第二步：分析顾客价值

（1）市场观点的品质剖析。首先征询目标市场的顾客，包括竞争厂商的顾客在内，请其列出各项足以影响其采购决策的品质属性，并列出每一品质属性的相对权重。再请其针对上述各项品质属性，比较各竞争厂商个别表现的差异性。

（2）市场观点的价格剖析。同样是征询目标市场的顾客，包括竞争厂商的顾客在内，请其列出影响采购的各项价格因素，并了解其对各项价格因素的权重。之后再请其针对上列各项价格因素，比较各竞争厂商价格高低的个别差异性。

（3）顾客价值图的绘制与分析。以各竞争产品的相对品质表现为横轴，以各竞争产品的相对价格高低为纵轴，再以目标市场顾客对于品质因素与价格因素的相对权重为斜率画一条直线，借以判断顾客价值之多寡，如图 9 - 1 所示。其中，顾客价值图的绘制与分析，可以使企业对自己各项产品在市场上的相对价值一目了然，也可使企业对自身产品的品质与价格等策略的制定有所依据。

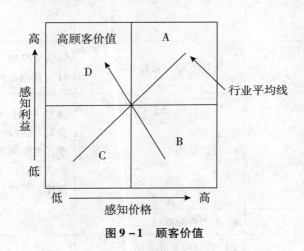

图 9 - 1 顾客价值

第三步：确定竞争战略

竞争战略制定步骤，如表 9 - 1 所示：

表 9 - 1   竞争战略制定步骤

	具体步骤	
波士顿矩阵	1. 战略分析，寻找价值增长点	STET 分析 SWOT 分析 三个周期分析 发现问题的能力
市场选择（做对的事情）	2. 制定企业总体战略	是问题 以变化入手 确立标杆标准

	具体步骤	
把事情做对	3. 确立核心产业	
	4. 论证战略	波特5动力模型
	5. 怎样形成价值竞争优势	波特价值链模型母链——用户满意度竞争优势
成本领先—扎实—规模、技术、改革流程 差异化—求新—创新 专门化—集中优势—差异化＋规模	6. 竞争战略	
	7. 市场战略（可控）	安索夫模型 4P（价格、产品、促销、渠道）
横向一体化 纵向一体化 多元化	8. 组织结构	优势互补（联合、收购、合资），寻找战略合作伙伴 学习型组织的创建 团队建设 敏捷、柔性、低成本
	9. 人力资源战略	
	10. 需何种领导风格	
	11. 资源分配（年度计划目标）	
	12. 战略控制	

第四步：分析本企业的核心竞争力

进行企业核心竞争力分析，必须考虑：企业有哪些资源和能力；企业的资源或能力是否有价值；资源和能力是否稀有；稀有资源或能力是否易于模仿；资源或能力是否被企业有效地加以利用；企业的业务流程和组织结构是否需要重建；与企业生存生死攸关的核心业务是什么；非核心业务是否已经剥离出来交由供应链中的其他企业去完成；根据核心业务进行重建的业务流程；企业认为必要的其他问题。

第五步：评估、选择合作伙伴

（1）分析市场竞争环境（需求、必要性）。

（2）确立合作伙伴选择目标。

（3）制定合作伙伴评价标准。

（4）成立评价小组。

（5）合作伙伴参与。

（6）评价合作伙伴。

（7）实施供应链合作关系。

第六步：CPFR（Collaborative Planning Forecasting and Replenishment）的实施

（1）供应链伙伴达成协议。这一步是供应链合作伙伴，包括零售商、分销商和制造商等为合作关系建立的指南和规则，共同达成一个通用业务协议，包括合作的全面认识、合作目标、机密协议、资源授权、合作伙伴的任务和成绩的检测。

（2）创建联合业务计划。供应链合作伙伴相互交换战略和业务计划信息，以发展联合业务计划。合作伙伴首先建立合作伙伴关系战略，然后定义分类任务、目标和策略，并建立合作项目的管理简况（如订单最小批量、交货期、订单间隔等）。

（3）创建销售预测。利用零售商 POS 数据、因果关系信息、已计划事件信息创建一个支持共同业务计划的销售预测。

（4）识别销售预测的例外情况。识别分布在销售预测约束之外的项目，每个项目的例外准则需在第一步中得到认同。

（5）销售预测例外项目的解决/合作。通过查询共享数据、E-mail、电话、交谈、会议等解决销售预测例外情况，并将产生的变化提交给销售预测。

（6）创建订单预测。合并 POS 数据、因果关系信息和库存策略，产生一个支持共享销售预测和共同业务计划的订单预测，提出分时间段的实际需求数量，并通过产品及接收地点反映库存目标。订单预测周期内的短期部分用于产生订单，在冻结预测周期外的长期部分用于计划。

（7）识别订单预测的例外情况。识别分布在订单预测约束之外的项目，例外准则在供应链伙伴达成协议中已建立。

（8）订单预测例外项目的解决/合作。通过查询共享数据、E-mail、电话、交谈、会议等调查研究订单预测例外情况，并将产生的变化提交给订单预测。

（9）订单产生。将订单预测转换为已承诺的订单，订单产生可由制造厂或分销商根据能力、系统和资源来完成。

五、实训考核

要求就本次实训内容完成实训报告一份，不少于 3000 字，报告应包含的内容及评分标准如表 9-2 所示：

表 9 – 2　　　　　　　　　　　任务一实训报告考核标准

	考核内容	内容标准	分值	得分
报告内容	所做的准备工作（收集完整的市场资料）	相关工作准备充分	10	
	分析客户价值	分析出正确的客户价值	15	
	确定竞争战略	使用正确的方法确定企业竞争战略	20	
	分析企业核心竞争力	使用正确的方法分析出企业的核心竞争力	20	
	选择、评价合作伙伴	会使用选择合作伙伴的方法；会使用评价合作伙伴的方法	20	
	综合素质表现	实训过程中敬业精神、组织协调能力及团队合作精神等的表现	10	
格式	格式正确，排版美观		5	
	总分		100	

任务二　基于产品的供应链设计

一、实训目的

通过设计基于产品的供应链的设计训练，使学生掌握基于产品供应链设计的步骤，学会掌握竞争环境；使学生学会分析企业现状、供应链设计目标，并能够及分析和评价供应链设计的技术可能性，最终能够掌握设计、检验供应链的方法和步骤。

二、课时安排

4 课时

三、实训准备

1. 简单介绍基于产品的供应链设计基本知识。
2. 提醒学生注意基于产品的供应链设计过程中可能出现的问题以及解决方案。
3. 根据任务量的情况将学生分组，确定由学生自己推选的团队负责人。
4. 联系相关合作企业产品或案例进行具体设计。

四、实训设计

第一步：确定基于产品供应链设计步骤

第二步：分析市场竞争环境

（1）产品需求分析（SWOT 分析），以惠普台式打印机为例。图 9－2 是一个 SWOT 分析示例。

优势	劣势
机会	威胁

图 9－2 SWOT 分析示例

（2）分析产品类型和特征。不同的产品类型对供应链设计有不同的要求，高边际利润、无稳定需求的革新性产品（innovative products）的供应链设计就不同于低边际利润、有稳定需求的功能性产品（functional products）。

在表 9－3 中填写 5 种功能型产品和革新性产品并进行分析。

表 9－3   **产品相关指标分析**

序号	需求特征	功能性产品					革新性产品				
		标准值					标准值				
1	产品生命周期（年）	＞2					1～3				
2	边际贡献（%）	5～20					20～60				
3	产品多样性	低					高（每一目录上千）				
4	预测的平均边际错误率（%）	10					40～100				
5	平均缺货率（%）	1～2					10～40				
6	季末降价率（%）	0					10～25				
7	按订单生产的提前期	6个月～1年					1天～2周				

(3) 分析产品生命周期的特点，如表9-4所示。分析市场特征的过程要向卖主、用户和竞争者进行调查，提出"用户想要什么"和"他们在市场中的分量有多大"之类的问题，以确认用户的需求和因卖主、用户、竞争者产生的压力。这一步骤的输出是每一产品按重要性排列的市场特征。同时，对于市场的不确定性要有分析和评价。其目的在于找到针对哪些产品市场开发供应链才有效，必须知道现在的产品需求是什么，产品的类型和特征是什么。

表9-4 产品生命周期各阶段特点

产品生命周期	特点	选择符合条件的产品
引入期	无法准确预测需求量 大量的促销活动 零售商可能在提供销售补贴的情况下才同意储备新产品 订货频率不稳定且批量小 产品未被市场认同而夭折的比例较高	
成长期	市场需求稳定增长 营销渠道简单明确 竞争性产品开始进入市场	
成熟期	竞争加剧 销售增长放缓 一旦缺货，将被竞争性产品所代替 市场需求相对稳定，市场预测较为准确	
衰退期	大量的竞争者退出市场 产品销售量急剧下降 企业从这种产品中获得的利润很低甚至为零 消费者的消费习惯已发生改变	

第三步：总结、分析企业现状

主要分析企业供需管理的现状（如果企业已经有供应链管理，则分析供应链的现状），着重于研究供应链开发的方向，分析、寻找、总结企业存在的问题及影响供应链设计的阻力等因素。

第四步：提出供应链设计项目

针对存在的问题提出供应链设计项目，分析其必要性。

第五步：建立供应链设计目标

主要目标在于获得高用户服务水平和低库存投资、低单位成本两个目标之间的平衡（这两个目标往往有冲突），同时还应包括表 9-5 所列目标。

表 9-5　　　　　　　　　　　　供应链设计其他目标

项目		平均值	现有值	目标值	采取措施
用户服务水平	投诉率				
	客户满意度				
	退货率				
	……				
成本指标	人均产值				
	万元成本				
	仓库利用率				
	……				
发展指标	进入新市场				
	开发新产品				
	开发新分销渠道				
	改善售后服务水平				
	提高用户满意程度				
	降低成本				
	通过降低库存提高工作效率				
	……				

第六步：分析供应链的组成

提出供应链组成的基本框架。分析制造工厂、设备、工艺和供应商、制造商、分销商、零售商及用户的选择及其定位，以及确定选择与评价的标准。

第七步：分析和评价供应链设计的技术可能性

结合企业的实际情况进行供应链设计的可行性分析，在可行性分析的基础上，为开发供应链提出技术选择建议和支持。

第八步：设计供应链

（1）确定供应链的成员组成：包括供应商、设备、工厂、分销中心的选择与定位、计划与控制。根据供应链目标制定成员选择标准，并根据选择标准确定成员组成。

（2）确定原材料的来源：包括供应商、流量、价格、运输等，核心企业与供应商签订原材料来源协议。

（3）进行生产设计：包括需求预测、生产什么产品、生产能力、供应给哪些分销中心、价格、生产计划、生产作业计划和跟踪控制、库存管理等（核心企业生产设计一般有专门的生产设计人员进行，供应链管理专员在此不做实训）。

（4）分销任务与能力设计：包括产品服务于哪些市场、运输、价格等。核心企业与分销商签订销售协议。

（5）确定信息管理系统（本部分内容物流管理人员根据企业的实际情况提出使用要求，由专门的信息管理工程师负责设计，在此不做岗位实训）。

（6）确定物流管理系统（有专门的 ERP 软件，在此不做岗位实训）。

第九步：检验供应链

供应链设计完成以后，应通过一定的方法、技术进行测试、检验或试运行，如有不行，返回第八步第 4 条进行重新设计。如果不存在什么问题，就可实施供应链管理了（由于不同的供应链有不同的检验方法，这里不再进行实训）。

表 9－6 列出了产品生命周期各阶段企业应采取的供应链策略。

表 9－6　　　　　　　　产品生命周期各阶段企业应采取的供应链策略

产品生命周期	特点	供应链策略
引入期	无法准确预测需求量 大量的促销活动 零售商可能在提供销售补贴的情况下才同意储备新产品 订货频率不稳定且批量小 产品未被市场认同而夭折的比例较高	供应商参与新产品的设计开发 在产品投放市场前制订完善的供应链支持计划 原材料、零部件的小批量采购 高频率、小批量的发货 保证高度的产品可得性和物流灵活性 避免缺货发生 避免生产环节和供应链末端的大量储存 安全追踪系统，及时消除安全隐患或追回问题产品 供应链各环节信息共享
成长期	市场需求稳定增长 营销渠道简单明确 竞争性产品开始进入市场	批量生产，较大批量发货，较多存货，以降低供应成本 作出战略性的顾客服务承诺以进一步吸引顾客 确定主要顾客并提供高水平服务 通过供应链各方的协作增强竞争力 服务与成本的合理化

续 表

产品生命周期	特点	供应链策略
成熟期	市场需求稳定增长 营销渠道简单明确 竞争性产品开始进入市场 竞争加剧 销售增长放缓 一旦缺货，将被竞争性产品所代替 市场需求相对稳定，市场预测较为准确	建立配送中心 建立网络式销售通路 利用第三方物流公司降低供应链成本并为顾客增加价值 通过延期制造、消费点制造来改善服务 减少成品库存
衰退期	市场需求急剧下降 价格下降	对是否提供配送支持及支持力度进行评价 对供应链进行调整以适应市场的变化，如供应商、分销商、零售商等数量的调整及关系的调整等

五、实训考核

要求就本次实训内容完成实训报告一份，不少于3000字，报告应包含的内容及评分标准如表9-7所示：

表9-7　　　　　　　　　　任务二实训报告考核标准

	考核内容	内容标准	分值	得分
报告内容	所做的准备工作（收集完整的市场和企业的相关资料）	相关工作准备充分	15	
	分析市场竞争环境和企业现状	分析企业所处市场的竞争环境状况和企业的具体情况	15	
	确定供应链设计的目标	有明确、合理的供应链设计目标	25	
	设计供应链	利用设计供应链的方法和步骤设计出合理的供应链	25	
	综合素质表现	实训过程中敬业精神、组织协调能力及团队合作精神等的表现	15	
格式	格式正确，排版美观		5	
总分			100	

任务三　供应链绩效评价体系设计

一、实训目的

通过设计供应链绩效评价体系，使学生掌握供应链设计的目标、方法和具体的供应链绩效评价指标体系内容，并能够进行评价；使学生能够建立有效的供应链激励机制。

二、课时安排

4 课时

三、实训准备

1. 简单介绍供应链绩效评价体系设计的基本知识。

2. 提醒学生注意供应链绩效评价体系设计过程中可能出现的问题以及解决方案。

3. 根据任务量的情况将学生分组，确定由学生自己推选的团队负责人。

4. 联系相关合作企业产品或案例进行具体设计。

四、实训设计

第一步：明确绩效评价的对象和目标

1. 明确绩效评价对象

（1）对整个供应链的运行效果做出评价。

（2）对供应链内各企业做出评价。

（3）对供应链内企业之间的合作关系做出评价。

2. 明确绩效评价目标

（1）提高考评者绩效管理能力。

（2）评定被考评者绩效。

（3）开发绩效管理系统。

（4）开发并提升供应链组织绩效水平——最终目的。

第二步：建立供应链绩效评价指标体系

1. 建立供应链绩效评估的一般性统计指标

表 9 – 8 是一个供应链绩效评估统计表。

表 9 – 8　　　　　　　　　　　　　　供应链绩效评估统计

指标分类	具体指标	指标单位	指标选择	备注
客户服务	饱和率	%		
	脱销率	%		
	准时交货率	%		
	补充订单			
	循环时间	天		
	发运错误			
	订单准确率	%		
生产与质量	人均发运系统			
	人工费系统			
	生产指数	%		
	破损率	%		
	退货率	%		
	信用要求数			
	破损物价值	万元		
资产管理	库存周转			
	负担成本			
	库存水平			
	供应天数			
	净资产回报			
	投资回报			
成本	全部成本/单位成本			
	销售百分比成本	%		
	进出货运输费			
	仓库成本			
	管理成本			
	直接人工费			
	退费成本			

2. 建立供应链绩效评价指标体系

（1）确定产销率指标体系。产销率是指在一定时间内已销售出去的产品与已生产的产品数量的比值，即

$$产销率 = \frac{一定时间内已销售出去的产品数量(S)}{一定时间内生产的产品数量(P)}$$

因为 $S < P$，所以产销率 ≤ 1。

产销率指标又可分成如下 3 个具体的指标：

①供应链节点企业的产销率。该指标反映供应链节点企业在一定时间内的经营状况。

$$供应链节点企业的产销率 = \frac{一定时间内节点企业已销售产品数量}{一定时间内节点企业已生产的产品数量}$$

②供应链核心企业的产销率。反映供应链核心企业在一定时间内的产销经营状况。

$$供应链核心企业的产销率 = \frac{一定时间内核心企业已销售产品数量}{一定时间内核心企业已生产产品数量}$$

③供应链产销率。该指标反映供应链在一定时间内的产销经营状况，其时间单位可以是年、月、日。

$$供应链产销率 = \frac{一定时间内供应链节点企业已销售产品数量之和}{一定时间内供应链各节点企业已生产产品数量之和}$$

（2）确定平均产销绝对偏差指标。该指标反映在一定时间内供应链总体库存水平，其值越大，说明供应链成品库存量越大，库存费用越高。反之，说明供应链成品库存量越小，库存费用越低。

$$平均产销绝对偏差 = \frac{\sum |P_i - S_i|}{n}$$

其中，n 为供应链节点企业的个数；P_i 为第 i 个节点企业在一定时间内生产产品的数量；S_i 为第 i 个节点企业在一定时间内已生产的产品中销售出去的数量。

（3）确定产需率指标。产需率是指在一定时间内，节点企业已生产的产品数量与其上层节点企业（或用户）对该产品的需求量的比值。

①供应链节点企业产需率。该指标反映上、下层节点企业之间的供需关系。

$$供应链节点企业产需率 = \frac{一定时间内节点企业已生产的产品数量}{一定时间内上层节点企业对该产品的需求量}$$

②供应链核心企业产需率。该指标反映供应链整体生产能力和快速响应市场能力。

$$供应链核心企业产需率 = \frac{一定时间内核心企业生产产品数}{一定时间内用户对该产品的需求量}$$

（4）确定供应链产品出产（或投产）循环期（cycle time）或节拍指标。当供应链节点企业生产的产品为单一品种时，供应链产品产出循环期是指产品的产出节拍；当供应链节点企业生产的产品品种较多时，供应链产品产出循环期是指混流生产线上同一种产品的产出间隔。

①供应链节点企业（或供应商）零部件出产循环期。该循环期指标反映了节点企业库存水平以及对其上层节点企业需求的响应程度。

②供应链核心企业产品出产循环期。该循环期指标反映了整个供应链的在制品库存水平和成品库存水平，同时也反映了整个供应链对市场或用户需求的快速响应能力。

（5）确定供应链总运营成本指标。

①供应链通信成本。供应链通信成本包括各节点企业之间通信费用，如 EDI、因特网的建设和使用费用、供应链信息系统开发和维护费等。

②供应链总库存费用。供应链总库存费用包括各节点企业在制品库存和成品库存费用、各节点之间在途库存费用。

③各节点企业外部运输总费用。各节点企业外部运输总费用等于供应链所有节点企业之间运输费用总和。

（6）确定供应链核心企业产品成本指标。供应链核心企业的产品成本是供应链管理水平的综合体现。根据核心企业产品在市场上的价格确定出该产品的目标成本，再向上游追溯到各供应商，确定出相应的原材料、配套件的目标成本。只有当目标成本小于市场价格时，各个企业才能获得利润，供应链才能得到发展。

（7）确定供应链产品质量指标。供应链产品质量是指供应链各节点企业（包括核心企业）生产的产品或零部件的质量。主要包括合格率、废品率、退货率、破损率、破损物价值等指标。

（8）确定供应链上、下节点企业之关系的绩效评价指标。由于上层供应商可以看成是下层供应商的用户，因此通过上层供应商来评价和选择与其业务相关的下层供应商更直接、更客观，如此递推，即可对整个供应链的绩效进行有效的评价。满意度指标是反映供应链上、下节点企业之间关系的绩效评价指标，即在一定时间内上层供应商 i 对其相邻下层供应商 j 的综合满意程度 C_{ij}。其表达式为：

$$C_{ij} = a_i \times 供应商 j 准时交货率 + \beta_j \times 供应商 j 成本利润率 +$$
$$\lambda_j \times 供应商 j 产品质量合格率$$

其中，a_i、β_j、λ_j 为权数，$a_i + \beta_j + \lambda_j = 1$。

准时交货率是指下层供应商在一定时间内准时交货的次数占其总交货次数的百分比。

成本利润率是指单位产品净利润占单位产品总成本的百分比。

供应链最后一层为最终用户层，最终用户对供应链产品的满意度指标是供应链绩效评价的一个最终标准。

最终用户对供应链产品的满意度：

$C = a \times$ 零售商准时交货率 $+ \beta \times$ 产品质量合格率 $+ \lambda \times$（实际价格／用户期望价格）

（9）供应链分销渠道绩效评价。渠道绩效评价一般有定性和定量两种方法。定性方法包括分销渠道成员协作的程度、分销渠道成员矛盾冲突的程度、所需信息的可获得程度。定量方法包括每单元的分销成本、履行订单的出错率、商品的破损率。

（10）建立一流的绩效评价体系。绩效评价体系如表 9－9 所示：

表 9－9   绩效评价体系

能力领域	绩效评价体系	企业选定的指标	现实指标	目标指标	责任人
质量	生产或采购产品中次品的数量 售出产品中退货的数量 售出产品中要求保修的数量 供应商的数量 从次品检测到纠正的提前期				
数量	采用统计过程控制的工作中心的数量 通过质量认证的供应商的数量 申请质量奖的数量、得奖的数量				
成本	每个工作中心的废料或废品损失 平均库存周转率 平均启动时间 雇员流动率 平均的安全库存水平 为满足运送日期而需要的紧急订单的数量 由于机器故障出现的停工期				
灵活性	职工所具有的平均技能的数量 平均生产批量 可提供的客户定制服务的数量 特殊操作或紧急订单所需的天数				

能力领域	绩效评价体系	企业选定的指标	现实指标	目标指标	责任人
可靠性	平均服务响应时间或产品提前期 承诺运送有关事项的实现比例 平均每次运输延误的天数 每件产品的缺货数量 处理一个保修申请所需的天数 工程师和客户打交道的平均小时数				
创新性	每年在研发上的投入 流程自动化的比例 引入新产品或服务的数量 生产每个产品所需的操作步骤				
客户服务	库存补充速度 订单完成百分率 运送提前期 订单、运单票据出错率				
宏观生产率	物流成本占销售额的百分比 运输成本占销售额的百分比 累计库存成本 定期补充的库存量				
微观生产率	每单位的仓库成本 库存破损 运输成本 回程空载率				

（11）建立激励机制。

①确定激励主体与客体。按照激励的主体与客体关系，从以下 5 种激励方法中确定激励主体与客体：核心企业对成员企业的激励；制造商（下游企业）对供应商（上游企业）的激励；制造商（上游企业）对销售商（下游企业）的激励；供应链对成员企业的激励；成员企业对供应链的激励。

②确定激励目标。激励目标主要是通过某些激励手段，调动委托人和代理人的积极性，兼顾合作双方的共同利益，消除由于信息不对称和败德行为带来的风险，使供应链的运作更加顺畅，实现供应链企业共赢的目标。

③确定激励手段。从下列激励手段中选择合适的手段进行激励，并制定具体的激励内容，如表 9 - 10 所示：

表 9 – 10   激励方法汇总

序号	激励方法	激励内容	选择指标	激励目标	激励效果评价
1	价格激励				
2	订单激励				
3	荣誉激励				
4	信息激励				
5	淘汰激励				
6	新产品或新技术的开发				
7	组织激励				
8	其他				

第三步：建立评价模型，对评价对象的描述指标进行测量

1. 供应链管理操作参考 SCOR 模型（Supply – Chain Operations Reference Model）

从周转期、成本、服务/品质、资产等项目评估供应链管理绩效。在 SCOR 模型中提出了度量供应链绩效的 11 项指标，它们是：交货情况、订货满足情况（包括满足率和满足订货的提前期）、完美的订货满足情况、供应链响应时间、生产柔性、总物流管理成本、附加价值生产率、担保成本、现金流周转时间、供应周转的库存天数和资产周转率。在供应链建模方面，目前使用的绩效评价指标主要是成本和顾客满意度。

（1）从企业供应链的物理布局（physical layout）开始构建供应链工作。供应链的物理布局如图 9 – 3 所示：

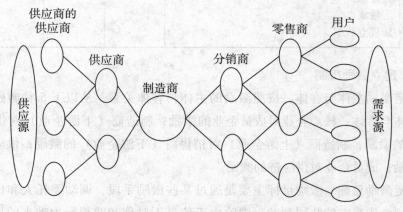

图 9 – 3　供应链的物理布局

（2）根据企业自身供应链流程的特点，适当选择 SCOR 模型第二层中定义的标准流程元素来描述其供应链，如图 9 – 4 所示：

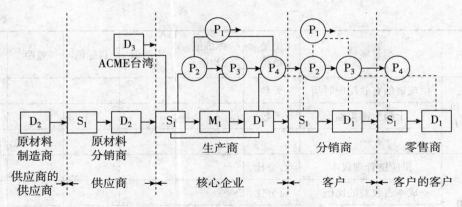

图9-4 SCOR模型供应链的布局

（3）企业通过使用SCOR模型确定每一个流程元素需要哪些信息输入，并期望哪些信息输出，如图9-5所示：

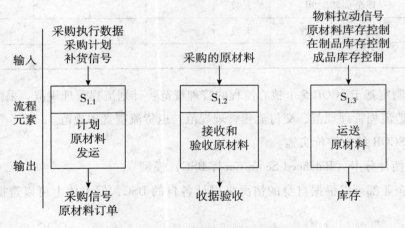

图9-5 SCOR模型信息输入、输出

（4）计算供应链参考模型的衡量项目，如表9-11所示：

表9-11　　　　　　　　　　　　　　　供应链衡量项目

类别	衡量项目	衡量单位	标准值（均值）	实测值	目标值	差距	原因
供应链可靠性	按时交货率	百分比					
	订单完成提前期	天数					
	订单完成率	百分比					
	订单履行率	百分比					
	……						

— 113 —

类别	衡量项目	衡量单位	标准值（均值）	实测值	目标值	差距	原因
柔性和反应力	供应链的有效反应时间	天数					
	上游生产柔性	天数					
	……						
费用	供应链管理成本	百分比					
	成本占收益的比例	百分比					
	每位员工增加的价值	现金					
	……						
资产/利用	供应库存总天数	天数					
	现金周转时间	天数					
	净资产周转次数	天数					
	……						

（5）制定基于 SCOR 5 个核心流程的管理规范：计划流程管理规范、采购流程管理规范、制造流程管理规范、交付流程管理规范、退货流程管理规范。

（6）SCOR 绩效评价实施。

2. 平衡计分卡（Balanced Score Card，BSC）模型

每个企业都可以根据自身的情况来设计各自的 BSC，但大体上可以遵循以下几个步骤：

（1）定义企业战略。BSC 应能够反映企业的战略，因此有一个清楚明确的能真正反映企业远景的战略是至关重要的。由于 BSC 的 4 个方面与企业战略密切相关，因此这一步骤是设计一个好的 BSC 的基础。

（2）就战略目标取得一致意见。由于各种原因，管理集团的成员可能会对目标有不同的意见，但无论如何必须在企业的长远目标上达成一致。另外，应将 BSC 的每一个方面的目标数量控制在合理的范围内，仅对那些影响企业成功的关键因素进行测评。

（3）选择和设计测评指标。一旦目标确定，下一个任务就是选择和设计、判断这些目标是否达到的指标。指标必须能准确反映每一个特定的目标，以使通过 BSC 所收集到的反馈信息具有可靠性。换句话说就是，BSC 中的每一个指标都是表达企业战略的因果关系链中的一部分。在设计指标时，不应采用过多的指标，也不应对那些企业

职工无法控制的指标进行测评。

①掌握 BSC 的 4 个方面，如表 9 - 12 所示：

表 9 - 12   BSC 指标体系

企业战略（目标）	详解	目标	指标	计划	评价
财务	告诉企业管理者，他们的努力是否对企业的经济收益产生积极的作用	解决"股东如何看待我们"这一类问题	利润额、单位销售费用、资本收益、资产利用率等		
顾客	通过顾客的眼睛来看一个企业，从时间（交货周期）、质量、服务和成本几个方面关注市场份额以及顾客的需求和满意程度	解决"顾客如何看待我们"这一类问题	送货准时率、顾客满意度、产品退货率、合同取消数等		
内部流程	报告企业内部效率，关注导致企业整体绩效更好的过程、决策和行动，特别是对顾客满意度有重要影响的企业过程	解决"我们擅长什么"这一类问题	生产率、生产周期、成本、合格品率、新品开发速度、出勤率等		
学习与成长	将注意力引向企业未来成功的基础，涉及雇员问题、知识资产、市场创新和技能发展	解决"我们是在进步吗"这一类问题	新产品发布、为顾客新增加的价值、运行效率改进		

②评价财务指标与非财务指标的平衡，如表 9 - 13 所示：

表 9 - 13   财务指标与非财务指标的平衡

财务指标				非财务指标			
子指标	目标值	实际值	原因	子指标	目标值	实际值	原因
税后利润				员工流动率			
单位销售费				用户满意率			
资本收益				新客户增长率			
资产利用率				服务响应率			
……				……			
评价							

③评价内部环境与外部环境之间的平衡，如表 9 – 14 所示：

表 9 – 14　　　　　　　　内部环境与外部环境之间的平衡

内部环境				外部环境			
子指标	目标值	实际值	原因	子指标	目标值	实际值	原因
人员流失率				市场占有率			
计划完成率				客户满意率			
单位销售费用				客户保有率			
存货周转率							
……				……			
评价							

④评价驱动因素与结果的平衡，如表 9 – 15 所示：

表 9 – 15　　　　　　　　驱动因素与结果的平衡

业绩驱动因素				结果			
子指标	目标值	实际值	原因	子指标	目标值	实际值	原因
新产品投放数量				销售收入			
生产周期				单位销售费用			
客户满意度				净利润			
……				……			
评价							

⑤评价短期指标与长期指标之间的平衡，如表 9 – 16 所示：

表 9 – 16　　　　　　　　短期指标与长期指标之间的平衡

短期指标				长期指标			
子指标	目标值	实际值	原因	子指标	目标值	实际值	原因
人均销售收入				平均 TTM			
库存周转率				核心技术掌握			

续　表

短期指标				长期指标			
子指标	目标值	实际值	原因	子指标	目标值	实际值	原因
净收益增长率				员工满意度			
人员利用率							
……				……			
评价							

（4）制订实施计划。要求各层次的管理人员参与测评。这一步骤也包括将 BSC 的指标与企业的数据库和管理信息系统相联系，在全企业范围内运用。

（5）监测和反馈。每隔一定的时间就要向最高主管人员报告 BSC 的测评情况。在对设定的指标进行一段时间的测评，并且认为已经达到目标时，就要设定新的目标或对原有目标设定新的指标。BSC 应该被用做战略规划、目标制定以及资源配置过程的依据之一。

第四步：确定评价方法，对评价对象的测量结果进行评价

1. 确定供应链协议

供应链协议文本（SCP 文本）是供应链管理规范化、文本化、程序化的主体部分，包括 10 个部分：

（1）定义。

（2）语法规范。

（3）文本规范。

（4）供应链的组建和撤销。

（5）企业加入供应链条件、享受权利、应担风险以及应尽义务。

（6）供应关系的确立与解除。

（7）信息的传递、收集、共享与发布。

（8）供应、分销与生产的操作。

（9）资金结算。

（10）纠纷仲裁与责任追究。

2. 确定供应链协议标准（SCP 标准）

SCP 标准包括产品标准、零配件标准、质量标准、标准合同、标准表（格）单（据）、标准指令、标准数据、标准文本以及 SCPNet 标准等。

第五步：选择合适的评价标准，分析评价价值得出评价结论

第六步：编写供应链绩效报告

五、实训考核

要求就本次实训内容完成实训报告一份，不少于 3000 字，报告应包含的内容及评分标准，如表 9 - 17 所示：

表 9 - 17　　　　　　　　　任务三实训报告考核标准

	考核内容	内容标准	分值	得分
报告内容	所做的准备工作（相关知识准备）	相关工作准备充分	5	
	明确绩效评价的对象及目标	目标明确	10	
	确定供应链设计的目标	有明确、合理的供应链设计目标	10	
	设计供应链绩效评价指标体系	所设计的绩效评价体系指标合理、全面	20	
	建立绩效评价模型	绩效评价模型使用恰当	20	
	对测量结果进行评价	评价过程合理	20	
	综合素质表现	实训过程中敬业精神、组织协调能力及团队合作精神等的表现	10	
格式	格式正确，排版美观		5	
总分			100	

项目十　国际物流业务

一、实训目的

通过对国际物流管理软件的模拟，使学生掌握出口业务、出口货代业务、出口报关报检业务等的路程和其中所包含的单证的填写。

二、课时安排

8 课时

三、实训准备

1. 提前检查实训室网络连接是否畅通，以及系统运行状态是否正常。

2. 添加必需的基础数据，设置好软件使用状态。

3. 介绍软件使用的方法，使学生明确对软件的操作。给学生分组，并分配相应的账号。

4. 介绍国际物流的流程和相应不同阶段业务的知识点，并介绍软件涉及的主要内容和需要注意的问题，使学生对本软件有初步的了解。

四、实训设计

国际物流业务实训包含了进出口业务流程、进出口货代业务的流程、订舱业务、提单业务和提箱业务等。（本项目以中海 2000 国际物流系统软件为例）

（一）出口业务实训

出口业务是由卖方签订销售合同开始，经过委托代理，出口货代、订舱、提箱、整箱、理货、保险、报关、报检等直到结算费用完成办理核销整个出口业务结束，模拟整个出口业务流程。

出口业务实训流程如图 10 - 1 所示：

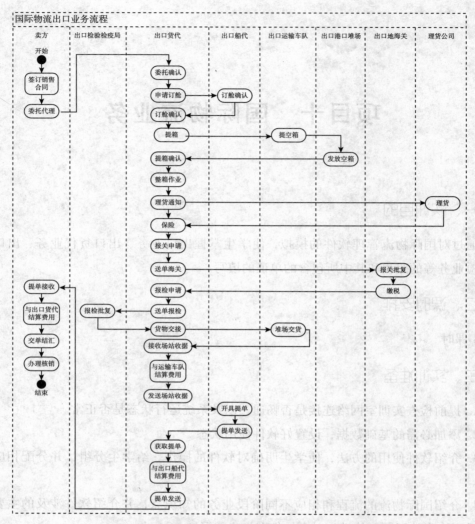

图 10 - 1 出口业务实训流程

1. 选择实验任务

（1）登录后，在实验任务列表中选中要进行的实验任务，然后点击【确定】按钮进入实验，如图 10 - 2 所示：

图 10 - 2 实验任务选择页面

（2）进入实验任务信息页面，点【开始实验】按钮，进入角色页面，如图10－3所示：

图10－3　角色页面

2. 出口业务实操

（1）卖方合同管理

①在角色页面，选择"卖方"角色，进入卖方平台。

②在卖方平台里，点"合同管理"链接，点【销售合同管理】，进入销售合同页面，如图10－4所示：

图10－4　销售合同页面

③点【新增】按钮，进入新增销售合同页面，根据所给案例输入销售合同内容，点【保存】按钮，如图10－5所示：

图10－5　销售合同内容添加页面

④选择一个销售合同记录，点【审核】按钮，进行销售合同的审核。

注：如需修改和删除销售合同，可以选择销售合同，点【修改】、【删除】按钮即可；取消审核，点【取消审核】按钮即可；点【显示单证】按钮，可以浏览销售合同信息。

⑤在卖方平台里，点【商业发票管理】，进入商业发票管理页面，选择签订的合同项，点击【查看商业发票】，可以看到如图10-6所示界面，然后点击【保存】。

图10-6 商业发票管理页面

⑥在卖方平台里，点【信用证管理】，进入信用证管理页面，选择签订的合同项，点击【查看信用证】，可以看到如图10-7所示界面，然后点击【保存】。

ISSUE OF A DOCUMENTARY CREDIT	
	*THE ROYAL BANK OF CANADA(TORONTO)LIMITED
	*TORONTO
SEQUENCE OF TOTAL (页数: 1/2)	*27: 1/2
FROM OF DOC.CREDIT	40A:IRREVOCABLE
DOC.CREDIT NO	20:CRNO201008060004
DATE OF ISSUE	31C:2010-08-09
DATE N PLACE OF EXP	31D:
APPLICANT	50:美国精密科技
BENEFTAIARY	59:深圳进出口有限公司
AMOUNT	32B: 0
AV AILABLE WITH/BY	41D:ANY BANK By Negotiation
DRAFETS AT...	42C:
DRAWEE	42D:美国精密科技
PARTIAL SHIPMENT	43P:

图10-7 信用证管理页面

（2）卖方与货代关系管理

①在卖方平台里，点"与货代关系管理"链接，点【委托代理】，进入委托代理页面，如图10-8所示：

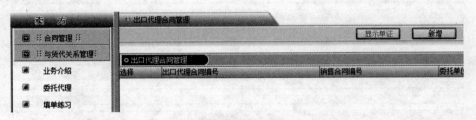

图10-8 委托代理页面

②在委托代理界面点击【新增】，进入海运出口货运代理委托书（Shipping Order）界面，如图10-9所示，按照案例填写委托书，然后进行审核。

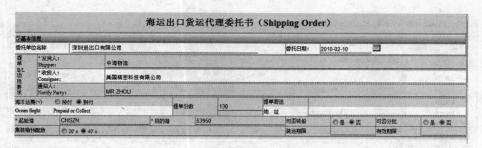

图10-9 海运出口货运代理委托书页面

③选择一个委托代理合同记录，点【审核】按钮，进行委托代理合同的审核。

注：如需修改和删除委托代理合同，可以选择委托代理合同，点【修改】、【删除】按钮即可；取消审核，点【取消审核】按钮即可。

（3）货代合同管理

①在角色页面，选择"货代"角色，进入货代平台。

②在货代平台，点"合同管理"链接，【委托确认】链接，进入代理合同管理页面，如图10-10所示：

图10-10 代理合同管理页面

③选择卖方委托代理合同，点【确认】按钮，即可确认代理合同。

注：点【取消确认】按钮，即可取消签订代理合同；点【显示销售合同】按钮，可以浏览销售合同信息；点【显示代理合同】按钮，可以浏览代理合同信息。

（4）订舱管理

①在货代平台，点"订舱管理"链接，点【申请订舱】，进入申请订舱页面，如图10-11所示：

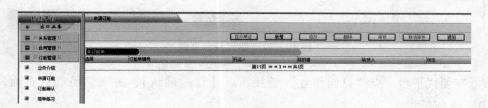

图10-11 申请订舱页面

②点【新增】按钮，进入新增订舱单页面，输入订舱单的内容，点【保存】按钮，如图 10 – 12 所示：

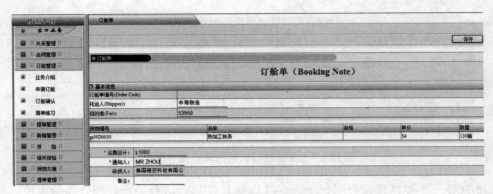

图 10 – 12　新增订舱单页面

③选择一个订舱单记录，点【审核】按钮，进行订舱单的审核。

④选择一个【已审核】的订舱单，点【确认】按钮，进行订舱确认，如图 10 – 13 所示：

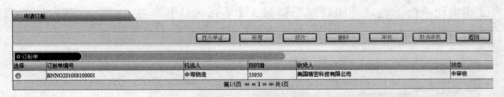

图 10 – 13　订舱确认页面

注：点【修改】、【删除】按钮，修改、删除订舱单；点【取消审核】按钮，可以取消审核订舱单；点【显示单证】按钮，浏览订舱单的信息。

⑤返回角色页面，选择"船代"角色，进入船代平台，如图 10 – 14 所示：

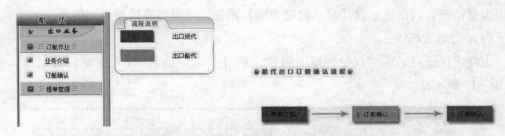

图 10 – 14　船代平台页面

⑥在船代平台，点"订舱作业"链接，点【订舱确认】，进入订舱确认页面，如图 10 – 15 所示：

⑦点【新增】按钮，进入新增订舱确认页面，输入船次和集装箱编号，点【确

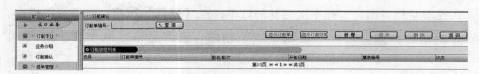

图 10 - 15　订舱作业页面

认】按钮，如图 10 - 16 所示：

图 10 - 16　新增订舱确认页面

　　注：点【修改】、【删除】按钮，修改、删除订舱单；点【取消审核】按钮，可以取消审核订舱单；点【显示订舱单】按钮，浏览订舱单的信息；点【显示订舱结果】按钮，显示订舱结果信息。

　　⑧返回角色页面，选择"货代"角色，进入货代平台。

　　⑨在货代平台，点"订舱管理"链接，点【订舱确认】，进入订舱确认页面，如图 10 - 17 所示：

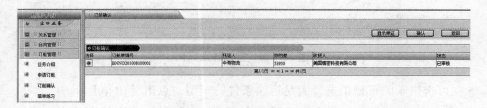

图 10 - 17　订舱管理页面

　　⑩选择订舱单，点【确认】按钮，查看订单信息，检查无误后，再次点击【确认】按钮，完成订舱管理操作。

　　（5）提箱管理

　　①在货代平台，点"提箱管理"链接，点【提取空箱】，进入提取空箱页面，如图 10 - 18 所示：

图 10 - 18　提取空箱页面

②在提取空箱页面,选择本次交易的订单,点【提箱】按钮,进行提箱操作。

③返回角色页面,选择"运输车队"角色,进入运输车队平台,如图 10 – 19 所示:

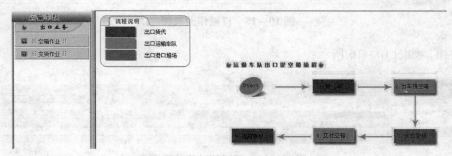

图 10 – 19　运输车队平台页面

④在运输车队平台,点"空箱作业"链接,点【提空箱】,进入提取空箱页面,如图 10 – 20 所示:

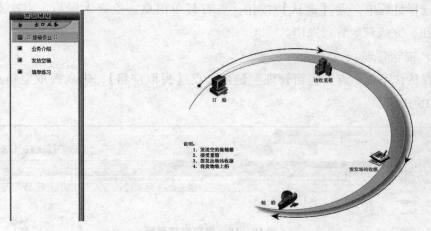

图 10 – 20　空箱作业页面

⑤在可选出车的车型中选择满足运输条件的车型,点击【出车】。

⑥返回角色页面,选择【港口堆场】角色,进入港口堆场平台,如图 10 – 21 所示:

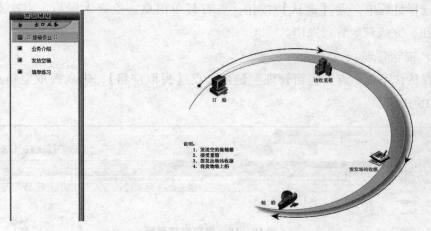

图 10 – 21　港口堆场平台页面

⑦在港口堆场平台，点"提箱作业"链接，点【发放空箱】，进入发放空箱页面，如图 10 - 22 所示：

图 10 - 22　提箱作业页面

⑧在可选箱中按照提箱单所要求的箱型，选择对应的集装箱，点击【发放空箱】，进入设备交接单界面，如图 10 - 23 所示：

图 10 - 23　设备交接单页面 1

注：必须选择与前面操作中选择的箱型匹配的集装箱，否则无法发放空箱。

⑨设备交接单页面，录入设备交接单的内容，点【保存】按钮即可，如图 10 - 24 所示：

注：点【显示设备交接单】和【显示订舱单】按钮，可以显示设备交接单和订舱单的信息。

⑩返回角色页面，选择"货代"角色，进入货代平台。

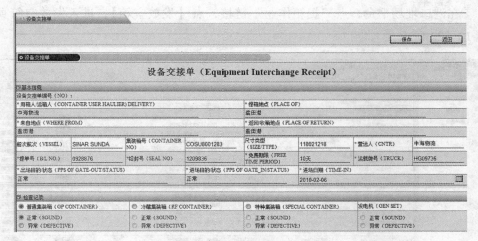

图 10 - 24　录入设备交接单页面

⑪在货代平台，点"提箱管理"链接，点【提箱确认】，进入提箱确认页面，如图 10 - 25 所示：

图 10 - 25　提箱确认页面

⑫在可选订舱单中，选择所提箱，点击【确认】，进入如图 10 - 26 所示界面，点击【保存】。

图 10 - 26　设备交接单页面 2

注：点【设备交接单】和【显示订舱单】按钮，可以显示设备交接单和订舱单的信息。

（6）装箱管理

①在货代平台，点"装箱管理"链接，点【整箱作业】，进入整箱作业页面，如图 10 - 27 所示：

图 10 - 27　整箱作业页面

②点击【新增】按钮，选择集装箱，点击【装箱】，进入装箱单界面，如图10 - 28 所示：

图 10 - 28　装箱单页面

③按照案例信息填写装箱单，点击【保存】，进入如图 10 - 29 所示界面，选择装箱单点击【审核】。

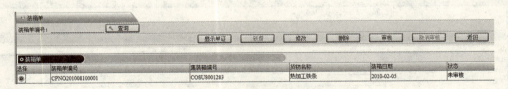

图 10 - 29　装箱单审核页面

注：点【取消审核】按钮，可以取消审核订舱单，只有在取消审核后才能修改、删除装箱单；点【修改】、【删除】按钮，修改、删除装箱单；点【显示单证】按钮，浏览装箱单的信息。

④在"装箱管理"链接，点【理货通知】，进入整箱作业页面，如图 10 - 30 所示，点击右上角的【理货通知】按钮。

图 10 - 30 整箱作业页面

注：本实验中系统没有开通理货公司这一角色，不用做理货操作，直接进入下一环节。

（7）保险业务

①在货代平台，点"保险"链接，点【保险单管理】，进入保险单管理页面，如图 10 - 31 所示：

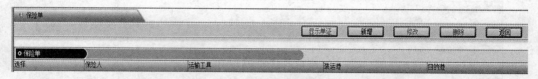

图 10 - 31 保险单管理页面

②保险单管理页面，点击【新增】按钮进入海运出口货物投保单（Seaborne Exports Insured Single）页面，如图 10 - 33 所示。按照案例内容填写保单，点击【保存】。

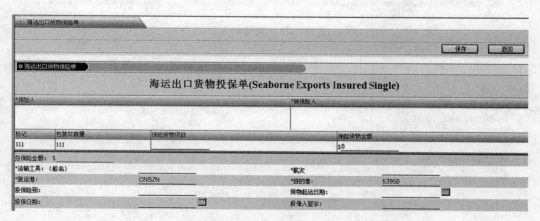

图 10 - 32 海运出口货物投保单页面

（8）报关报检业务

①在货代平台，点"报关报检"链接，点【报关申请】，进入报关申请页面，如图 10 - 33 所示：

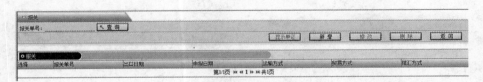

图 10 – 33　报关申请页面

②在报关申请页面，点击【新增】，进入出口报关单（Custom Order）页面，如图 10 – 34 所示，根据案例资料填写出口报关单，点击【保存】。

图 10 – 34　出口报关单页面

注：点【修改】、【删除】按钮，修改、删除报关单；点【显示单证】按钮，浏览报关单的信息。

③在"报关报检"链接，点【送单海关】，选择报关单，点击【报关送单】，进入如图 10 – 35 所示界面，点击【发送单证】。

图 10 – 35　报关送单页面

注：点击【显示报关单】，浏览报关单的信息。

④在"报关报检"链接，点【报检申请】，进入报检申请页面，如图 10 – 36 所示：

图 10 - 36　报检申请页面

⑤在报检申请页面，点击【新增】，进入中华人民共和国出入境检验检疫出境货物报验单页面，如图 10 - 37 所示，根据案例资料填写检验检疫单，点击【保存】。

图 10 - 37　中华人民共和国出入境检验检疫出境货物报验单页面

注：点【修改】、【删除】按钮，修改、删除检验检疫单；点【显示单证】按钮，浏览检验检疫的信息。

⑥在"报关报检"链接，点【送单报检】，选择报检单，点击【报检送单】，进入如图 10 - 38 所示界面，点击【发送单证】。

选择	单据编号	单据名称	制作时间	状态
○	SCNO201008090001	销售合同	2010-08-09 07-08-36	出口已委托
○	ACNO201008090001	出口代理合同	2010-08-09 07-13-02	装箱确认
○	BNNO201008100001	订舱单	2010-08-10 08-19-47	订舱确认
○	ERNO201008100001	设备交接单	2010-08-10 09-14-12	已完成
○	CPNO201008100001	装箱单	2010-08-10 10-01-19	已发出提货通知
○	SHYD201008090002	商业发票	2010-08-09 07-08-49	已完成
○	SONO201008100001	投保单	2010-08-10 10-27-29	已完成

图 10 - 38　报检单填写页面

（9）货物交接与结算

①在货代平台，点"货物交接"链接，点【交接】，进入报关申请页面，如图10 - 39所示，选择装箱单，点【交接】。

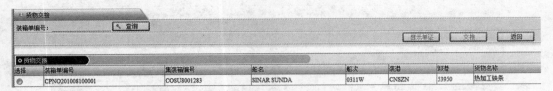

图 10 - 39　货物交接页面

②返回角色选择界面，选择"运输车队"角色，进入运输车队界面，点"交货作业"链接，点【堆场交货】，进入如图 10 - 40 所示界面。

图 10 - 40　运输车队页面

③选择出车车辆，点击【交货】，进入场站收据单（Dock Recipt）页面，如图10 - 41所示，点击【保存】。

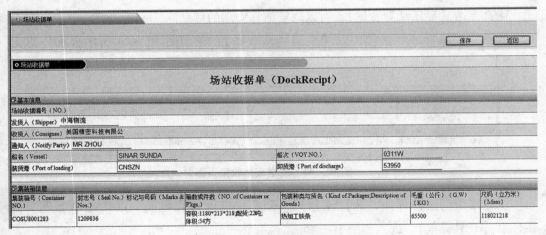

图 10 - 41　场站收据单页面

④返回角色选择界面，选择"货代"角色，进入货代界面，点"货物交接"链接，点【接收场站数据】，点击【接收】，进入如图 10 - 42 所示界面，点击【保存】。

注：点击【显示单证】，浏览场站收据单的信息。

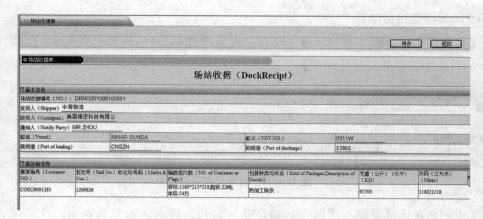

图 10-42 接收场站数据页面

⑤在"货物交接"链接，点【结算费用】，进入结算费用界面，如图 10-43 所示填入结算金额和日期，然后点击【保存】。

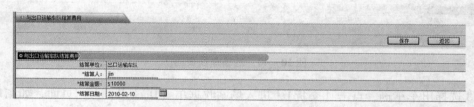

图 10-43 结算金额和日期页面

注：点击【显示结算费用】，可以浏览结算费用的信息。

⑥点"提单管理"链接，点【发送场站收据】，在如图 10-44 所示界面中点击【发送】。

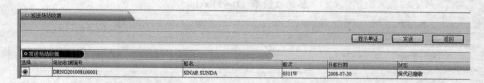

图 10-44 发送场站收据页面

⑦返回角色选择界面，选择"船代"角色，进入船代界面，点"提单管理"链接，点【开具提单】，进入如图 10-45 所示界面。

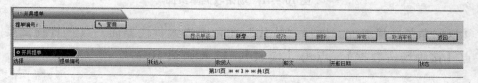

图 10-45 开具提单页面

⑧点击【新增】，选择场站收据，点击【下一步】，进入提单页面，如图 10 - 46 所示，点击【保存】。

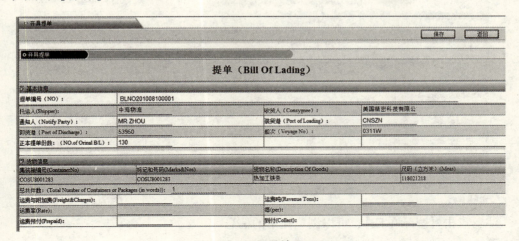

图 10 - 46 提单填写页面

⑨保存后进入审核页面，选择提单点【审核】，如图 10 - 47 所示：

图 10 - 47 提单审核页面

注：点【取消审核】按钮，可以取消提单，只有在取消审核后才能修改、删除提单；点【修改】、【删除】按钮，修改、删除提单；点【显示单证】按钮，可以浏览提单的信息。

⑩在"提单管理"链接，点【提单发送】，选择提单，点【发送】，如图 10 - 48 所示：

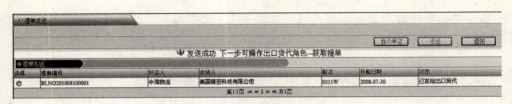

图 10 - 48 提单发送页面

⑪返回角色选择界面，选择"货代"角色，进入货代界面，点"提单管理"链接，点【获取提单】，点击【获取】，进入如图 10 - 49 所示的界面，点击【保存】。

图 10 - 49　贷代获取提单页面

注：点击【显示单证】，可以浏览提单的信息。

⑫在"提单管理"链接，点击【结算费用】，进入如图 10 - 50 所示的界面，点击右上角的【结算费用】，进入如图 10 - 51 所示的界面，填入结算内容，点击【保存】。

图 10 - 50　结算费用页面

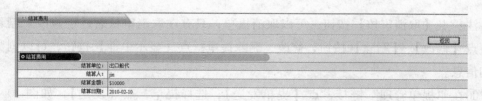

图 10 - 51　录入结算内容页面

⑬在"提单管理"链接，点击【提单发送】，选择提单，点击【发送】，如图10 - 52 所示：

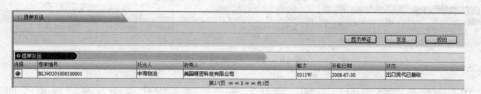

图 10 - 52　提单发送页面

⑭返回角色选择界面，选择"卖方"角色，进入卖方界面，点"提单管理"链接，点【提单接收】，点击【接收】，进入如图 10－53 所示界面，点击【保存】。

图 10－53 卖方提单接收页面

⑮在"提单管理"链接，点击【结算费用】，进入如图 10－54 所示的界面，点击右上角的【结算费用】，进入如图 10－55 所示的界面，填入结算内容，点击【保存】。

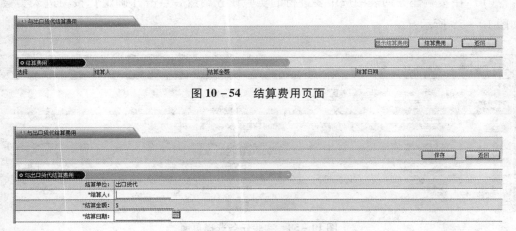

图 10－54 结算费用页面

图 10－55 结算费用填写页面

⑯点"交单结汇"链接，点【交单结汇】，进入如图 10－56 所示界面，选择提单，点【交单结汇】。

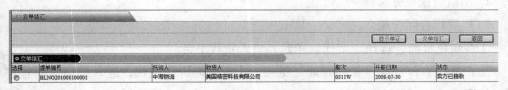

图 10－56 交单结汇页面

⑰点"办理核销"链接,点【办理核销】,进入如图 10－57 界面,点【新增】,按照案例填写信息和数据,点击【保存】。

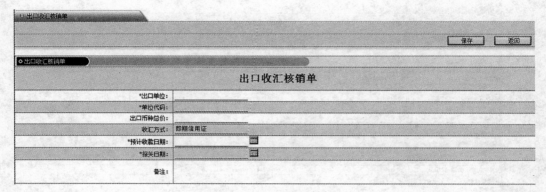

图 10－57　办理核销页面

(二) 出口货代业务实训

1. 选择实验任务

(1) 在实验任务列表中选中要进行的实验任务,然后点击【确定】按钮进入实验,如图 10－58 所示:

图 10－58　实验任务选择页面

(2) 进入实验任务信息页面,点【开始实验】按钮,进入角色页面,如图 10－59 所示:

2. 出口货代业务实操

(1) 货代合同管理

①在角色页面,选择"货代"角色,进入货代平台。

②在货代平台,点"合同管理"链接,【委托确认】链接,进入代理合同管理页面,如图 10－60 所示:

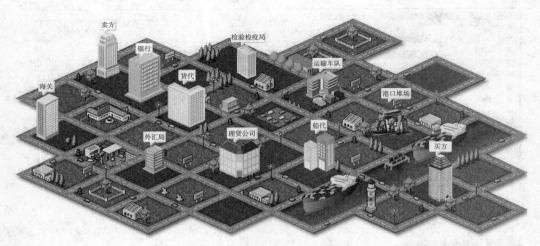

图 10 – 59 角色页面

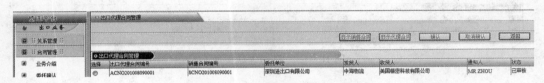

图 10 – 60 代理合同管理页面

③选择卖方委托代理合同，点【确认】按钮，即可确认代理合同。

（2）订舱管理

①在货代平台，点"订舱管理"链接，点【申请订舱】，进入申请订舱页面，如图 10 – 61 所示：

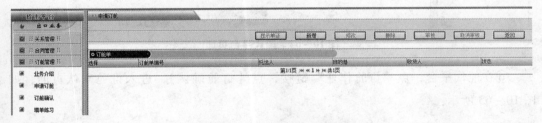

图 10 – 61 申请订舱页面

②点【新增】按钮，进入新增订舱单页面，输入订舱单的内容，点【保存】按钮，如图 10 – 62 所示：

③选择一个订舱单记录，点【审核】按钮，进行订舱单的审核。

④选择一个【已审核】的订舱单，点【确认】按钮，进行订舱确认，如图 10 – 63 所示：

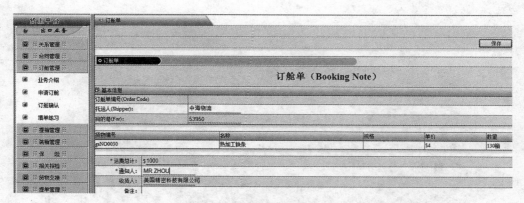

图 10 – 62　新增订舱单页面

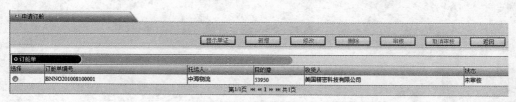

图 10 – 63　订舱确认页面 1

⑤返回角色页面，选择"船代"角色，进入船代平台，如图 10 – 64 所示：

图 10 – 64　船代平台页面

⑥在船代平台，点"订舱作业"链接，点【订舱确认】，进入订舱确认页面，如图 10 – 65 所示：

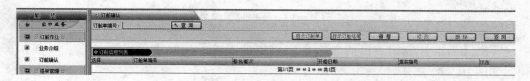

图 10 – 65　订舱确认页面 2

⑦点【新增】按钮，进入新增订舱确认页面，输入船次和集装箱编号，点【确认】按钮，如图 10 – 66 所示：

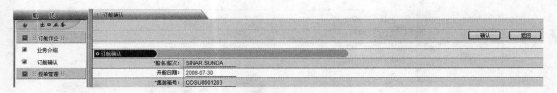

图 10 - 66　新增订舱确认页面

⑧返回角色页面，选择"货代"角色，进入货代平台。

⑨在货代平台，点"订舱管理"链接，点【订舱确认】，进入订舱确认页面，如图 10 - 67 所示：

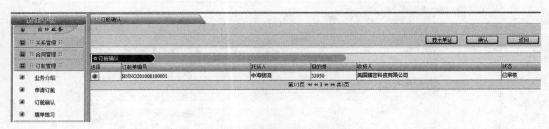

图 10 - 67　订舱确认页面 3

⑩选择订舱单，点【确认】按钮，查看订单信息，检查无误后，再次点击【确认】按钮，完成订舱管理操作。

（3）提箱管理

①在货代平台，点"提箱管理"链接，点【提取空箱】，进入提取空箱页面，如图 10 - 68 所示：

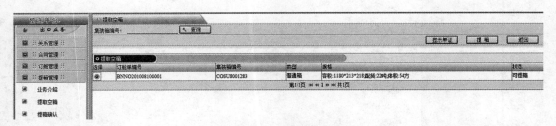

图 10 - 68　提取空箱页面

②在提取空箱页面，选择本次交易的订单，点【提箱】按钮，进行提箱操作。

③返回角色页面，选择"运输车队"角色，进入运输车队平台，如图 10 - 69 所示：

④在运输车队平台，点"空箱作业"链接，点【提空箱】，进入提取空箱页面，如图 10 - 70 所示：

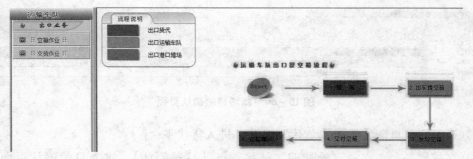

图 10 – 69　运输车队平台页面

图 10 – 70　提取空箱页面

⑤在可选出车的车型中选择满足运输条件的车型，点击【出车】。

⑥返回角色页面，选择【港口堆场】角色，进入港口堆场平台，如图10 – 71
所示：

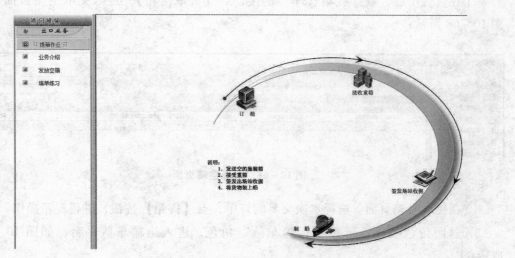

图 10 – 71　港口堆场平台页面

⑦在港口堆场平台，点"提箱作业"链接，点【发放空箱】，进入发放空箱页面，
如图 10 – 72 所示：

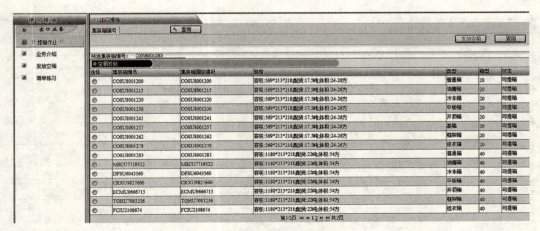

图 10 – 72　发放空箱页面

⑧在可选箱中按照提箱单所要求的箱型，选择对应的集装箱，点击【发放空箱】，进入设备交接单界面，如图 10 – 73 所示：

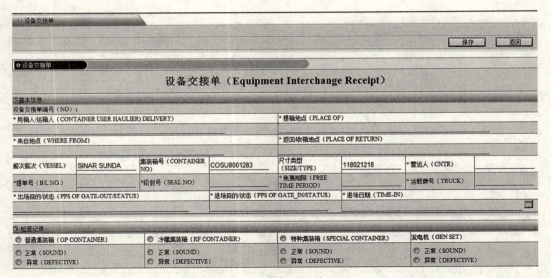

图 10 – 73　设备交接单页面

⑨设备交接单页面，录入设备交接单的内容，点【保存】按钮即可，如图 10 – 74 所示：

⑩返回角色页面，选择"货代"角色，进入货代平台。

⑪在货代平台，点"提箱管理"链接，点【提箱确认】，进入提箱确认页面，如图 10 – 75 所示：

⑫在可选订舱单中，选择所提箱，点击【确认】，进入如图 10 – 76 所示界面，点击【保存】。

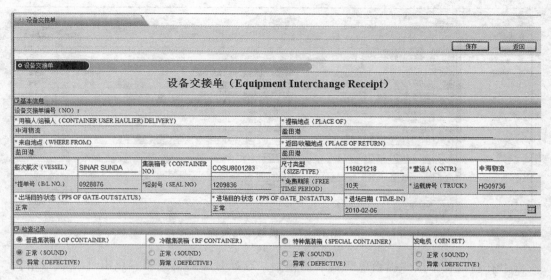

图 10－74　录入设备交接单页面

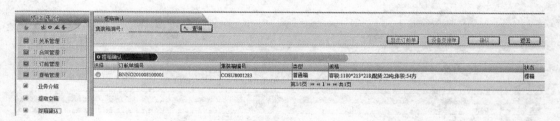

图 10－75　提箱确认页面

图 10－76　设备交接单页面

（4）装箱管理

①在货代平台，点"装箱管理"链接，点【整箱作业】，进入整箱作业页面，如图 10－77 所示：

图 10 – 77　整箱作业页面

②点击【新增】按钮，选择集装箱，点击【装箱】，进入装箱单界面，如图 10 – 78 所示：

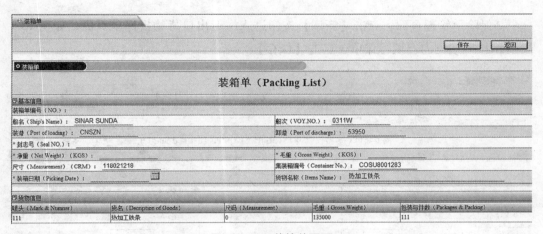

图 10 – 78　装箱单页面

③按照案例信息填写装箱单，点击【保存】，进入如图 10 – 79 所示界面，选择装箱单点击【审核】。

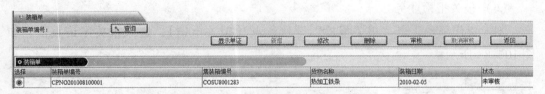

图 10 – 79　填写装箱单页面

④在"装箱管理"链接，点【理货通知】，进入整箱作业页面，如图 10 – 80 所示，点击右上角的【理货通知】按钮。

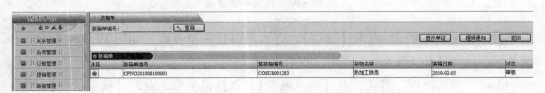

图 10 – 80　整箱作业页面

（5）保险业务

①在货代平台，点"保险"链接，点【保险单管理】，进入保险单管理页面，如图 10 - 81 所示：

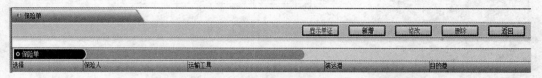

图 10 - 81　保险单管理页面

②保险单管理页面，点击【新增】按钮进入海运出口货物投保单页面，如图 10 - 82 所示按照案例内容填写保单，点击【保存】。

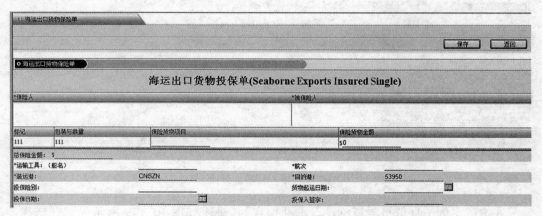

图 10 - 82　海运出口货物投保单页面

（6）报关报检业务

①在货代平台，点"报关报检"链接，点【报关申请】，进入报关申请页面，如图 10 - 83 所示：

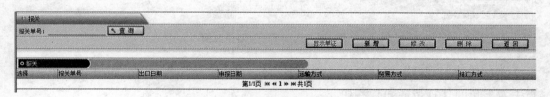

图 10 - 83　报关申请页面

②在报关申请页面，点击【新增】，进入出口报关单页面，如图 10 - 84 所示，根据案例资料填写出口报关单，点击【保存】。

③在"报关报检"链接，点【送单海关】，选择报关单，点击【报关送单】，进入如图 10 - 85 所示界面，点击【发送单证】。

图 10 - 84　出口报关单页面

图 10 - 85　报关送单页面

④在"报关报检"链接，点【报检申请】，进入报检申请页面，如图 10 - 86 所示：

图 10 - 86　报检申请页面

⑤在报检申请页面，点击【新增】，进入中华人民共和国出入境检验检疫出境货物报验单页面，如图 10 - 87 所示，根据案例资料填写检验检疫单，点击【保存】。

图 10 – 87　中华人民共和国出入境检验检疫出境货物报验单页面

⑥在"报关报检"链接，点【送单报检】，选择报检单，点击【报检送单】，进入如图 10 – 88 所示界面，点击【发送单证】。

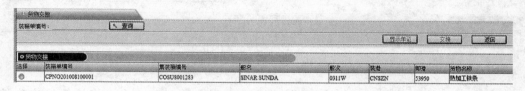

图 10 – 88　报检送单页面

（7）货物交接与结算

①在货代平台，点"货物交接"链接，点【交接】，进入报关申请页面，如图 10 – 89 所示，选择装箱单，点【交接】。

货物交接							
装箱单编号：	查询				显示单证	交接	返回
货物交接							
选择	装箱单编号	集装箱编号	船名	船次	装港	卸港	货物名称
○	CPNO201008100001	COSU8001283	SINAR SUNDA	0311W	CNSZN	53950	热加工铁条

图 10 – 89　报关申请页面

②返回角色选择界面，选择"运输车队"角色，进入运输车队界面，点"交货作

业"链接，点【堆场交货】，进入如图 10 – 90 所示界面。

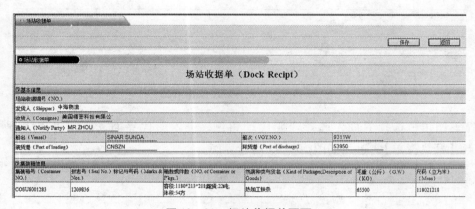

图 10 – 90　运输车队界面

③选择出车车辆，点击【交货】，进入场站收据单页面，如图 10 – 91 所示，点击【保存】。

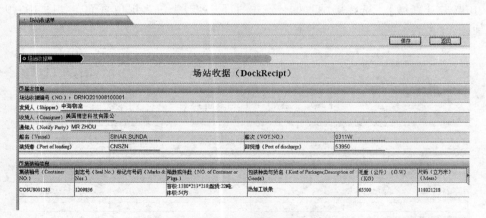

图 10 – 91　场站收据单页面

④返回角色选择界面，选择"货代"角色，进入货代界面，点"货物交接"链接，点【接收场站数据】，点击【接收】，进入如图 10 – 92 所示界面，点击【保存】。

图 10 – 92　接收场站数据页面

⑤在"货物交接"链接，点【结算费用】，进入结算费用界面，如图 10 – 93 所示，填入结算金额和日期，然后点击【保存】。

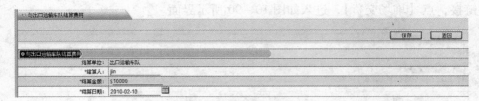

图 10 - 93　结算费用页面

⑥点"提单管理"链接，点【发送场站收据】，在如图 10 - 94 所示界面中点击【发送】。

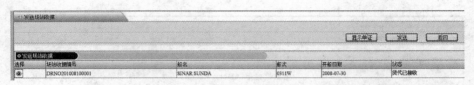

图 10 - 94　发送场站收据页面

⑦返回角色选择界面，选择"船代"角色，进入船代界面，点"提单管理"链接，点【开具提单】，进入如图 10 - 95 所示界面。

图 10 - 95　开具提单页面

⑧点击【新增】，选择场站收据，点击【下一步】，进入提单页面，如图 10 - 96 所示，点击【保存】。

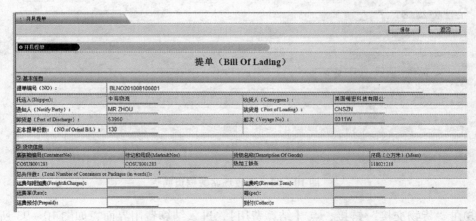

图 10 - 96　提单页面

⑨保存后进入审核页面，选择提单点【审核】，如图 10 – 97 所示：

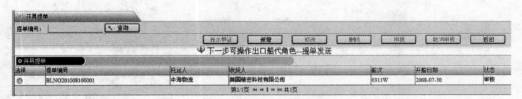

图 10 – 97　审核页面

⑩在"提单管理"链接，点【提单发送】，选择提单，点【发送】，如图 10 – 98 所示：

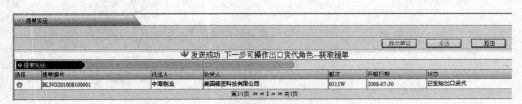

图 10 – 98　提单发送页面

⑪返回角色选择界面，选择"货代"角色，进入货代界面，点"提单管理"链接，点【获取提单】，点击【获取】，进入如图 10 – 99 所示界面，点击【保存】。

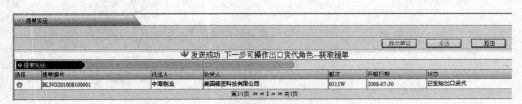

图 10 – 99　获取提单页面

⑫在"提单管理"链接，点击【结算费用】，进入如图 10 – 100 所示的界面，点击右上角的【结算费用】，进入如图 10 – 101 所示的界面，填入结算内容，点击【保存】。

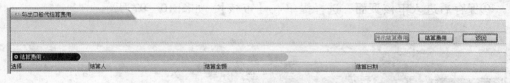

图 10 – 100　结算费用页面 1

图 10 – 101　结算费用页面 2

⑬在"提单管理"链接，点击【提单发送】，选择提单，点击【发送】，如图10 – 102 所示：

图 10 – 102　提单发送页面

（三）出口报关报检业务实训

1. 选择实验任务

（1）登录后，在实验任务列表中选中要进行的实验任务，然后点击【确定】按钮进入实验，如图 10 – 103 所示：

图 10 – 103　实验任务选择页面

（2）进入实验任务信息页面，点【开始实验】按钮，进入角色页面，如图 10 - 104 所示：

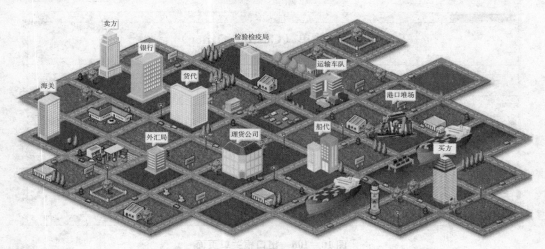

图 10 - 104　角色页面

2. 出口报关报检业务实操

（1）报关业务

①在角色页面，选择"货代"角色，进入"货代平台"。

②在货代平台里，点"报关报检"链接，点【报关申请】，进报关申请页面，如图 10 - 105 所示：

图 10 - 105　报关申请页面

③点【新增】按钮，进入出口报关单页面，根据所给案例输入出口报关单内容，点【保存】按钮，如图 10 - 106 所示：

④在"报关报检"链接里，点【送单海关】，进入送单海关页面，如图 10 - 107 所示，选择所要送海关的报关单，点击发送单证。

⑤返回角色选择界面，选择"海关"角色，进入海关界面，点"报关管理"链接，点【海关缴税】，进入如图 10 - 108 所示界面。

⑥选择需要缴税的报关单，点【缴税】，进入如图 10 - 109 所示界面，输入缴税金额，点击右上角的【缴税】，即完成报关操作。

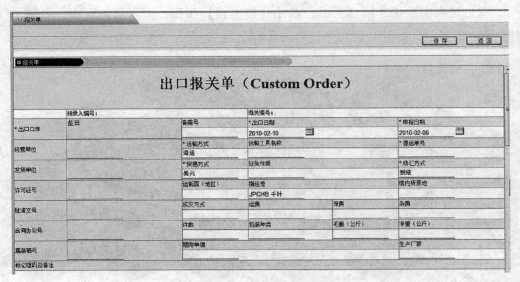

图 10 – 106 出口报关单页面

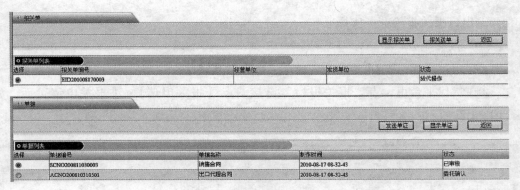

图 10 – 107 送单海关页面

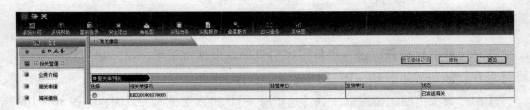

图 10 – 108 海关页面

（2）报检业务

①返回角色页面，选择"货代"角色，进入货代平台。

②在货代平台里，点"报关报检"链接，点【报检申请】，进入报检申请页面，如图 10 – 110 所示：

图 10-109　缴税报关单页面

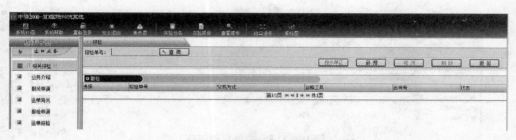

图 10-110　报检申请页面

③在报检申请页面，点击【新增】，进入中华人民共和国出入境检验检疫出境货物报验单页面，如图 10-111 所示，根据案例资料填写检验检疫单，点击【保存】。

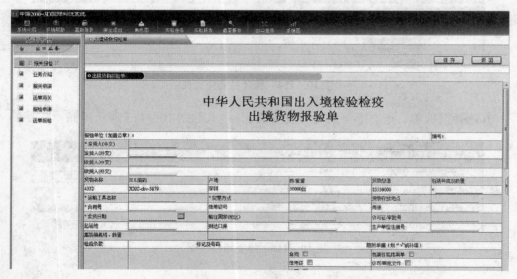

图 10-111　中华人民共和国出入境检验检疫出境货物报验单页面

④在"报关报检"链接里，点【送单报检】，进入送单报检页面，如图 10-112 所示；选择所要送检的报检单，点【报检送单】进入如图 10-113 的界面，点击【发送单证】。

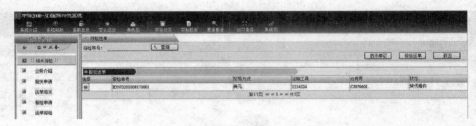

图 10 – 112　送单报检列表

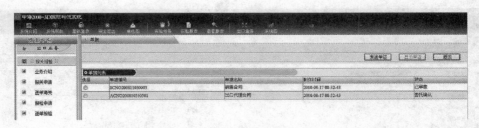

图 10 – 113　送单报检页面

⑤返回角色选择界面，选择"检验检疫局"角色，进入检验检疫局界面，点"报检管理"链接，点【接受报检】，进入如图 10 – 114 所示界面。

图 10 – 114　检验检疫局页面

⑥选择报检单，点右上角的【接受报检】，进入如图 10 – 115 所示界面。

图 10 – 115　接受报检页面

（四）进口业务实训

1. 选择实验任务

在实验任务列表中选中要进行的实验任务，然后点击【确定】按钮进入实验，如图 10 – 116 所示：

图 10 – 116　实验任务选择页面

2. 进口业务实操

（1）付款赎单

①进入国际物流系统，学生登录自己的账户后，选择进口业务实验，点击【开始实验】后，出现如图 10 – 117 所示的页面。

图 10 – 117　角色页面

②根据图 10 – 117，可以选择不同的角色进行切换。本实验，我们从"银行"这个角色开始。进入界面后，最右边有一个【系统图】按钮，单击后可以生成本实验的一个流程图。

③进入银行界面后，单击【付款赎单】按钮，会出现一个单据，选中这个单据后，确认已付款赎单。

④切换角色图回到买方平台，在买方平台的左边菜单栏单击【与银行关系】→【付款赎单】，确认已经付款赎单，出现如图 10 – 118 所示的界面。

图 10－118　付款赎单页面

（2）合同管理

①在买方平台的左边菜单栏单击【与货代关系】→【委托代理】，由于还没有委托代理书，所以我们单击【新增】，出现海运进口货运代理书页面，如图 10－119 所示：

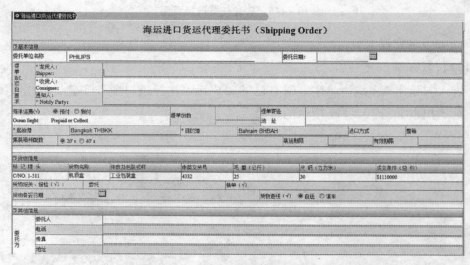

图 10－119　海运进口货运代理书页面

在委托书中填写相应的信息，然后单击【保存】，出现如图 10－120 所示的页面：

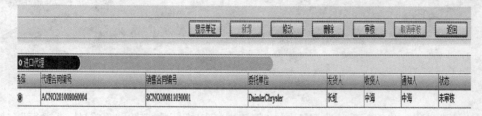

图 10－120　保存海运进口货运代理书页面

②在出现的页面中单击【审核】，确认已经审核完毕。

③回到角色图，切换到货代角色，选中代理合同，单击【确认】，确认买方的委托代理。

（3）报关报检

①回到货代平台，在左边菜单栏单击【报关报检】→【报关申请】，出现如图10－121 所示的页面。

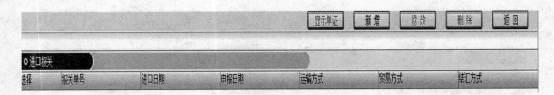

| 显示单证 | 新增 | 修改 | 删除 | 返回 |

○进口报关

| 选择 | 报关单号 | 进口日期 | 申报日期 | 运输方式 | 贸易方式 | 结汇方式 |

图 10 - 121 报关申请页面

单击【新增】，出现进口报关单页面，如图 10 - 122 所示：

○进口报关单

| 保存 | 返回 |

○进口报关单

进口报关单（Custom Order）

预录入编号： 海关编号：

*进口口岸	备案号	*进口日期	*申报日期
经营单位	*运输方式	运输工具名称	*提运单号
收货单位	*贸易方式	征免性质	*结汇方式
许可证号	启运国（地区）	装货港	境外货源地
批准文号	成交方式	运费	保费	杂费
合同协议号	件数	包装种类	毛重（公斤）	净重（公斤）
集装箱号	随附单据		生产厂家
标记唛码及备注			

图 10 - 122 进口报关单页面

在其中填写相应的信息，并且保存。

②回到货代平台，在左边菜单栏单击【报关报检】→【送单海关】，出现如图10 - 123 所示的页面。

| | | 显示报关单 | 报关送单 | 返回 |

❶报关单列表

选择	报关单编号	经营单位	发货单位	状态
◉	IIDNO201008090002			货代操作

图 10 – 123   报关单列表 1

单击【报关送单】，会显示一排单据列表，如图 10 – 124 所示：

❶单据

| | | | 发送单证 | 显示单证 | 返回 |

❶单据列表

选择	单据编号	单据名称	制作时间	状态
◉	SCNO200811030003	销售合同	2010-08-10 08-34-51	进口代理
◉	ACNO200811030011	进口代理合同	2010-08-10 08-34-52	委托确认
◉	BNNO200811030001	订舱单	2010-08-10 08-34-51	订舱确认
◉	ERNO200811030004	设备交接单	2010-08-10 08-34-51	已完成
◉	CPNO200810310501	装箱单	2010-08-10 08-34-51	运输车队已交接
◉	DRNO200811030004	场站收据	2010-08-10 08-34-52	出口船代已接收
◉	BLNO200811030007	提单	2010-08-10 08-34-52	进口货代已接收

图 10 – 124   报关单列表 2

选中本实验要进行的单据，单击【发送单证】，完成单证的发送任务。

③切换角色图到"海关"，进入海关角色平台。在左边菜单栏单击【报关管理】→【报关申请】，可以看到如图 10 – 125 所示的页面。

❶进口报关单

| | | 显示报关单 | 显示附加单证 | 返回 |

❶报关单列表

选择	报关单编号	经营单位	发货单位	状态
◉	IIDNO201008090002			已发送海关

图 10 – 125   海关角色平台页面

④在左边菜单栏单击【报关管理】→【海关缴税】，可以看到如图 10 – 126 所示的页面。

单击【缴税】，出现如图 10 – 127 所示的页面。

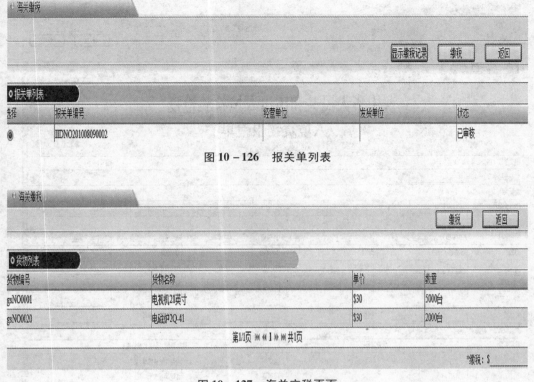

图 10-126 报关单列表

图 10-127 海关交税页面

在右下方输入应缴税的金额，单击右上方的【缴税】按钮，完成缴税业务。

⑤切换角色图到"货代"，进入货代角色平台，在左边菜单栏单击【报关报检】→【报检申请】，可以看到如图 10-128 所示的页面。

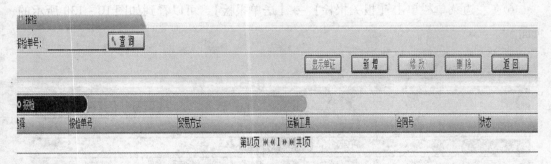

图 10-128 报检申请页面

单击【新增】，增加一个报检单，如图 10-129 所示：

在弹出来的对话框中，填写相应的发货人、合同号等相关信息。单击【保存】，完成报关申请业务。

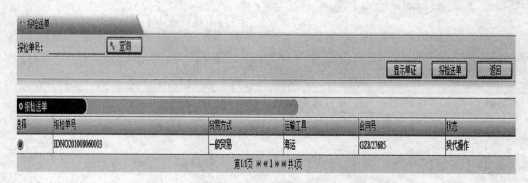

图 10 – 129　录入报检单页面

⑥在左边菜单栏单击【报关报检】→【送单报检】，可以看到如图 10 – 130 所示的页面。

图 10 – 130　送单报检页面

单击右上方的【报检送单】，弹出单据列表，如图 10 – 131 所示：

图 10-131 单据列表

选中要发送的单据，在右上方单击【发送单证】，完成报检送单业务。

⑦切换角色图到检验检疫局，进入进口检验检疫局平台，在左边菜单栏单击【报检管理】→【接受报检】，可以看到如图 10-132 所示的页面：

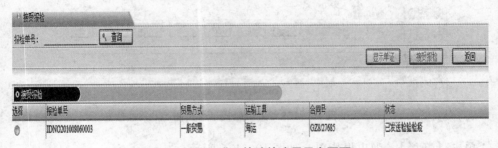

图 10-132 进口检验检疫局平台页面

选中要检验的报检单，单击右上方的【接受报检】，弹出单据列表，如图 10-133 所示：

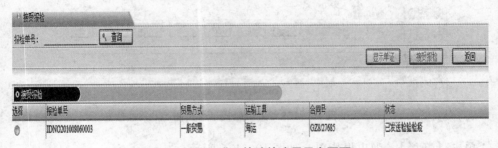

图 10-133 单据列表

（4）提货管理

①切换角色图到"货代"，进入进口货代平台，在左边菜单栏单击【提货管理】→【换取提货单】，可以看到如图 10 – 134 所示的页面。

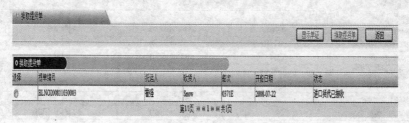

图 10 – 134　换取提货单页面

②选中要换取的提单，单击右上方的【换取提货单】，完成换取提货单的任务。

③切换角色图到"船代"，进入进口船代平台，在左边菜单栏单击【提货管理】→【开具提货单】，可以看到如图 10 – 135 所示的页面。

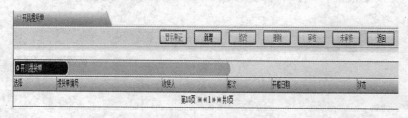

图 10 – 135　进口船代平台页面

④单击【新增】，弹出提货单，如图 10 – 136 所示。

提货单		保存	返回

提货单（DELIVERY ORDER）

基本信息

提货单编号（Order Code）：	场站 收货人通知方（Consignee）：	填单日期(PRESENTATION OF THE DOCUMENTS)：
BVID201008100002	Garnett	

提货单信息

船名(Ship's Name)：	航次(VOY.NO)：	起运港(Port of Lading)：	目的港(For)：
DOOWOO BUSAN	0371E	Baruo CNBSP	Copenhagen DKCPH
提单号（B/L NO）：	支付条款(Terms of Payment)：	到付海运费(COST AND FREIGHT C.C)：	合同号(Order Code)：
BLNO200811030007	CIF	50000	ACNO200811030011
卸货地点(Port of discharge)：	到达日期(Picking Date)：	进坞场日期(Time In)：	第一程运输(PRE-CARRIAGE BY)：
JPCHE 千叶			
货名(Items Name)：	集装箱号(Container No.)：	铅封号(Seal NO)：	集装箱数(number of Container)：
机顶盒	COSU8001220	SN6879	20

其他信息

件数(Total nmber of Containers or Packages(in words))：	1
重量(G.W)：	1
体积(Meas)：	1

图 10 – 136　填写提货单页面

在其中填写相应的信息，完成之后单击【保存】，如图 10 – 137 所示：

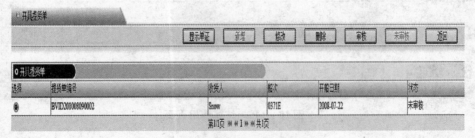

图 10 – 137　开具提货单页面

⑤选中提货单，单击右上方的【审核】，完成提货单的审核工作。

⑥在左边菜单栏单击【提货管理】→【发送提货单】，如图 10 – 138 所示：

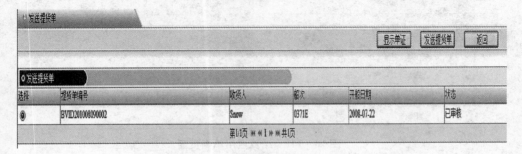

图 10 – 138　发送提货单页面

⑦选中提货单，单击右上方的【发送提货单】，完成提货单的发送工作。

⑧切换角色图到"货代"，进入进口货代平台，在左边菜单栏单击【提货管理】→【接收提货单】，可以看到如图 10 – 139 所示的页面。

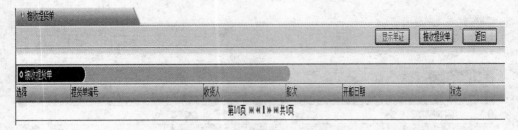

图 10 – 139　接收提货单页面

⑨单击右上方的【接收提货单】，弹出提货单的相关信息，核对无误后，单击【保存】。完成提货单的接收工作。

⑩在货代平台，在左边菜单栏单击【提货管理】→【结算费用】，可以看到如图 10 – 140 所示的页面。

图 10 – 140   结算费用页面

⑪单击右上方的【结算费用】，弹出结算费用单据，如图 10 – 141 所示：

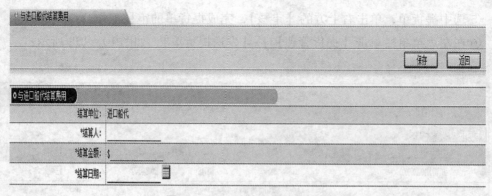

图 10 – 141   结算费用单据页面

⑫在单据中填写相应的信息，单击右上方的【保存】，完成与进口船代的费用结算工作。

⑬在货代平台，在左边菜单栏单击【提货管理】→【堆场提货】，可以看到如图 10 – 142 所示的页面。

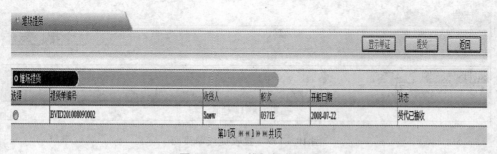

图 10 – 142   堆场提货页面

⑭选中提货单，单击右上方的【提货】，完成提货作业。

（5）提货作业

①切换角色图到"运输车队"，进入运输车队平台，在左边菜单栏单击【提货作业】→【出车提货】，可以看到如图 10 – 143 所示的页面。

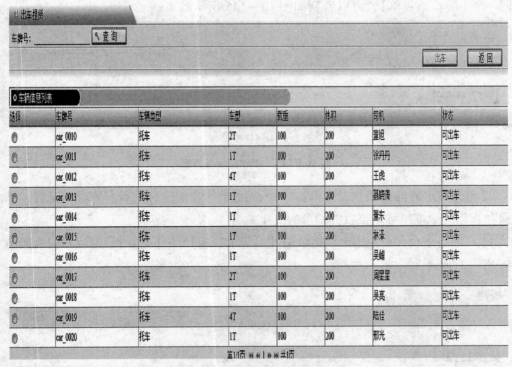

图 10 - 143　出车提货页面

②选择要发出的车辆（注意车牌号、车型和载重量），单击右上方的【出车】，完成出车业务。

③在左边菜单栏单击【提货作业】→【提货】，可以看到如图 10 - 144 所示的页面。

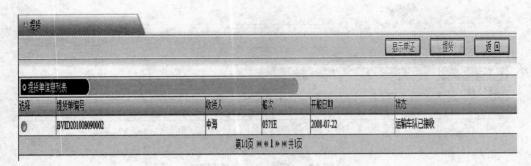

图 10 - 144　提货单信息列表

④选中提货单，单击右上方的【提货】，完成提货作业。

（6）提货单管理

①切换角色图到"港口堆场"，进入堆场平台，在左边菜单栏单击【提货单管

理】→【接收提货单】，可以看到如图 10 – 145 所示的页面。

图 10 – 145　接收提货单页面

②单击右上方的【接收提货单】，进入提货单的详细信息界面。核对无误后，单击【保存】以完成港口堆场接收提货单的工作。

③在堆场平台，在左边菜单栏单击【提货单管理】→【交货】，可以看到如图10 – 146 所示的页面。

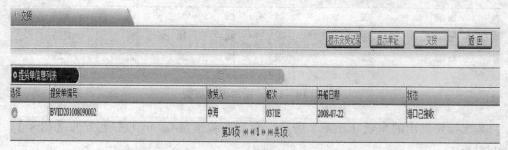

图 10 – 146　提货单信息列表

④选择要交的提货单，单击右上方的【交货】，出现如图 10 – 147 所示的页面。

货物编号	货物名称	规格	单价	数量
gsNO0020	电磁炉	2Q-41	$457	2000台
gsNO0001	电视机	21英寸	$2000	5000台

第1/1页 ◄◄◄ 1 ►► ► 共1项

图 10 – 147　交货记录列表

⑤单击右上方的【发货】，完成港口堆场的交货作业。

（7）重箱作业

①切换角色图到"运输车队"，进入运输车队平台，在左边菜单栏单击【重箱作业】→【交货】，可以看到如图 10 – 148 所示的页面。

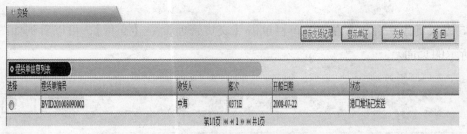

图 10 – 148　提货单信息列表

②选择要交的提货单，单击右上方的【交货】，弹出交货记录列表，再单击右上方的【交货】，完成运输车队的交货业务。

（8）交货管理

①切换角色图到"货代"，进入货代平台，在左边菜单栏单击【交货管理】→【提货确认】，可以看到如图 10 – 149 所示的页面。

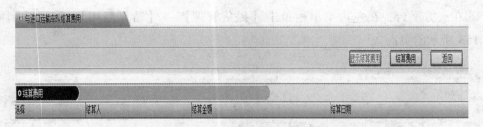

图 10 – 149　交货记录列表

②弹出一个交货记录列表，核对无误后，单击右上方的【提货确认】，完成进口货代的提货确认工作。

③进入货代平台，在左边菜单栏单击【交货管理】→【结算费用】，可以看到如图 10 – 150 所示的页面。

图 10 – 150　与进口运输车队结算费用页面

④单击右上方的【结算费用】，弹出结算费用的具体信息，填写好结算人，结算金额，结算日期后，单击右上方的【保存】，完成进口货代与运输车队的费用结算

工作。

⑤进入货代平台，在左边菜单栏单击【交货管理】→【交货】，可以看到如图10 - 151 所示的页面。

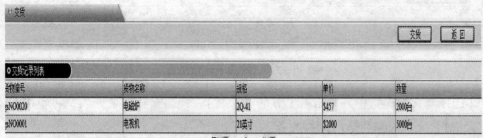

图10 - 151　交货记录列表

⑥单击右上方的【交货】，完成进口货代的交货工作。

（9）提货管理

①切换角色图到"买方"，进入买方平台，在左边菜单栏单击【提货管理】→【提货】，可以看到如图 10 - 152 所示的页面。

图10 - 152　提货交货记录列表

②单击右上方的【提货】，完成买方的提货工作。

③在买方平台，在左边菜单栏单击【提货管理】→【结算费用】，可以看到如图10 - 153 所示的页面。

图10 - 153　与进口货代结算费用页面

④单击右上方的【结算费用】，弹出与进口货代结算费用页面，在其中填写结算人、结算金额、结算日期等相应信息，单击【保存】，完成买方与进口货代的费用结算工作。

（10）办理核销

①在买方平台，在左边菜单栏单击【提货管理】→【办理核销】，可以看到如图10－154所示的页面。

图10－154 添加进口付汇核销单页面

②单击右上方的【新增】，弹出贸易进口付汇核销单如图10－155所示：

贸易进口付汇核销单（代申报单）

*单位代码：	*单位名称：	所在地外汇局名称：
*付汇银行名称：	收汇人国别：	交易编码：
收款人是否在保税区：●是 ○否	交易附言：	
对外付汇币种：USD	对外付汇总额：	
其中：购汇金额：	现汇金额：	其他方式金额：
人民币帐号：	外汇帐号：	

付汇性质

◉正常付汇
○不在名录　　　　　　　○90天以上信用证　　　　　○90天以上托收　　　　　　○异地付汇
○90天以上到货　　　　　○转口贸易

| 预计到货日期： 📅 | 进口批件号： | 合同发票号： |

结算方式

信用证 ◉90天以内 ○90天以上	承兑日期： 📅	付汇日期： 📅	期限： 天
托收 ◉90天以内 ○90天以上	承兑日期： 📅	付汇日期： 📅	期限： 天
汇款 ◉预付货款 ○货到付汇（凭报单付汇）		付汇日期： 📅
报关单号：	报关单日期： 📅	报关单币种： 金额：$

以下由付汇银行填写

| 申报号码： | |
| 业务编号： | 审核日期： |

图10－155 进口付汇核销单

③在其中填写相应的信息，确认无误后，单击右上方的【保存】，弹出如图 10 –
156 所示的页面。

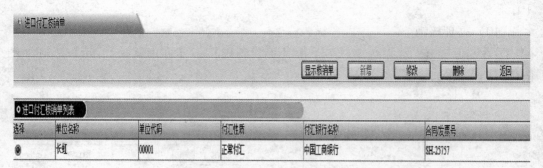

图 10 –156　进口付汇核销单列表

④单击上方的【显示核销单】、【修改】、【删除】还可以对核销单进行相应的查看
与编辑，完成核销单的办理工作。

（五）进口货代业务实训

1. 选择实验任务

（1）在实验任务列表中选中要进行的实验任务，然后点击【确定】按钮进入实验，
如图 10 –157 所示：

图 10 –157　实验任务选择页面

（2）进入实验任务信息界面，点【开始实验】按钮，进入角色页面，如图 10 –
158 所示：

2. 进口货代业务实操

（1）合同管理

①在买方平台的左边菜单栏单击【与货代关系】→【委托代理】，由于还没有委托
代理书，所以我们单击【新增】，出现海运进口货运代理书页面，如图 10 –159 所示：

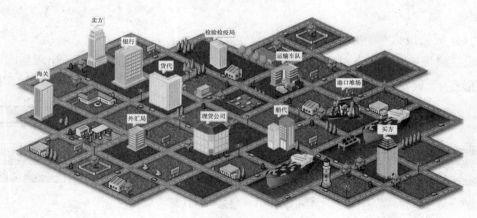

图 10 – 158 角色页面

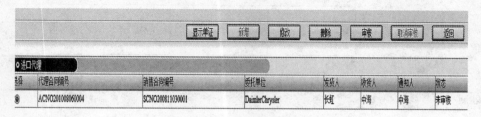

图 10 – 159 海运进口货运代理书页面

在委托书中填写相应的信息。然后单击【保存】，出现如图 10 – 160 所示的页面。

图 10 – 160 进口代理合同列表

②在出现的页面中单击【审核】，确认已经审核完毕。

③回到角色图，切换到货代角色，选中代理合同，单击【确认】，确认买方的委托

代理。

（2）报关报检

①回到货代平台，在左边菜单栏单击【报关报检】→【报关申请】，出现如图10 –161 所示的页面。

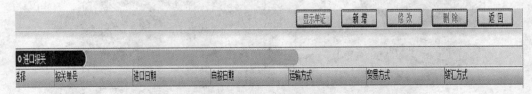

图 10 –161　报关申请页面

单击【新增】，会出现页面，显示进口报关单页面，如图 10 –162 所示：

进口报关单（Custom Order）

	预录入编号：		海关编号：		
*进口口岸		备案号	*进口日期		*申报日期
经营单位		*运输方式	运输工具名称		*提运单号
收货单位		*贸易方式	征免性质		*结汇方式
许可证号		启运国（地区）	装货港		境外货源地
批准文号		成交方式	运费	保费	杂费
合同协议号		件数	包装种类	毛重（公斤）	净重（公斤）
集装箱号		随附单据			生产厂家
标记唛码及备注					

图 10 –162　进口报关单页面

在其中填写相应的信息，并且保存。

②回到货代平台，在左边菜单栏单击【报关报检】→【送单海关】，出现如图10－163所示的页面。

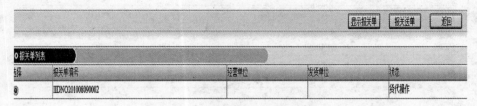

图10－163　报关单列表

单击【报关送单】，会显示一排单据列表，选中本实验要进行的单据，单击【发送单证】，完成单证的发送任务。

③切换角色图到"海关"，进入海关角色平台。在左边菜单栏单击【报关管理】→【报关申请】，可以看到如图10－164所示的页面。

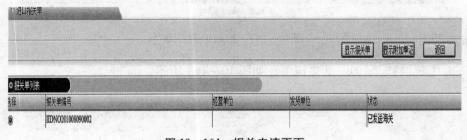

图10－164　报关申请页面

④在左边菜单栏单击【报关管理】→【海关缴税】，可以看到如图10－165所示的页面。

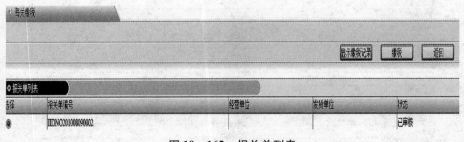

图10－165　报关单列表

单击【缴税】，出现如图10－166所示的页面。

在右下方输入应缴税的金额，单击右上方的【缴税】按钮，完成缴税业务。

⑤切换角色图到"货代"，进入货代角色平台，在左边菜单栏单击【报关报检】→【报检申请】，可以看到如图10－167所示的页面。

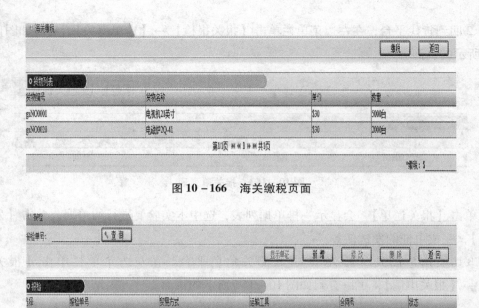

图 10－166　海关缴税页面

图 10－167　报检申请页面

单击【新增】，增加一个报检单，如图 10－168 所示：

图 10－168　入境货物报检单页面

　　在弹出来的对话框中，填写相应的发货人、合同号等相关信息。单击【保存】，完成报关申请业务。

　　⑥在左边菜单栏单击【报关报检】→【送单报检】，可以看到如图 10-169 所示的页面。

图 10-169　送单报检页面

　　单击右上方的【报检送单】，弹出单据列表，如图 10-170 所示：

选择	单据编号	单据名称	制作时间	状态
○	SCNO200811030001	销售合同	2009-01-20 10-07-13	进口代理
○	ACNO201008060004	进口代理合同	2010-08-09 02-02-05	委托确认
○	BNNO200810310001	订舱单	2009-01-20 10-07-13	订舱确认
○	ERNO200811030002	设备交接单	2009-01-20 10-07-13	已完成
○	CPNO200810310001	装箱单	2009-01-20 10-07-13	运输车队已交接
○	DRNO200811030002	场站收据	2009-01-20 10-07-13	出口船代已接收
○	BLNO200811030003	提单	2009-01-20 10-07-13	进口货代已撤收

图 10-170　单据列表

　　选中要发送的单据，在右上方单击【发送单证】，完成报检送单业务。

　　⑦切换角色图到"检验检疫局"，进入进口检验检疫局平台，在左边菜单栏单击【报检管理】→【接受报检】，可以看到如图 10-171 所示的页面。

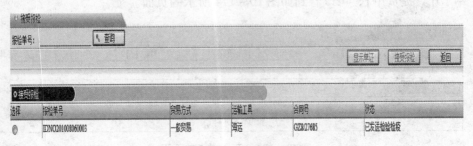

图 10-171　接受报检页面

选中要检验的报检单,单击右上方的【接受报检】,弹出单据列表,如图 10 - 172 所示:

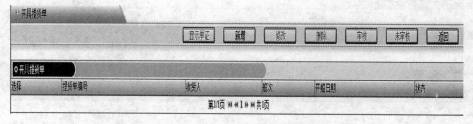

图 10 - 172　单据列表

(3) 提货管理

①切换角色图到"货代",进入进口货代平台,在左边菜单栏单击【提货管理】→【换取提货单】,可以看到如图 10 - 173 所示的页面。

图 10 - 173　换取提货单页面

②选中要换取的提单,单击右上方的【换取提货单】,完成换取提货单的任务。

③切换角色图到"船代",进入进口船代平台,在左边菜单栏单击【提货管理】→【开具提货单】,可以看到如图 10 - 174 所示的页面。

图 10 - 174　开具提货单页面

④单击【新增】，弹出提货单，如图 10 – 175 所示：

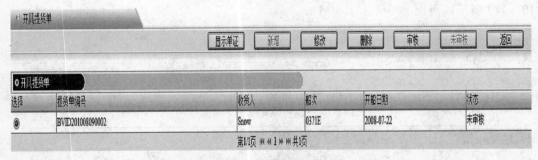

图 10 – 175　提货单页面

在其中填写相应的信息，完成之后单击【保存】，出现如图 10 – 176 所示的页面。

图 10 – 176　开具提货单列表

⑤选中提货单，单击右上方的【审核】，完成提货单的审核工作。

⑥在左边菜单栏单击【提货管理】→【发送提货单】，可以看到如图 10 – 177 所示的页面。

⑦选中提货单，单击右上方的【发送提货单】，完成提货单的发送工作。

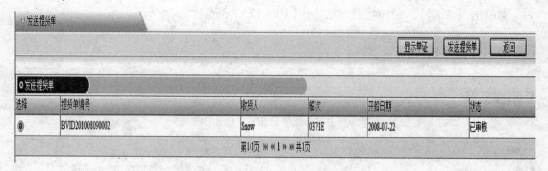

图 10 – 177　发送提货单页面

⑧切换角色图到"货代",进入进口货代平台,在左边菜单栏单击【提货管理】→【接收提货单】,可以看到如图 10 – 178 所示的页面。

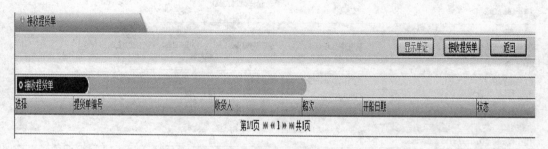

图 10 – 178　接收提货单页面

⑨单击右上方的【接收提货单】,弹出提货单的相关信息,核对无误后,单击【保存】。完成提货单的接收工作。

⑩在货代平台,在左边菜单栏单击【提货管理】→【结算费用】,可以看到如图 10 – 179 所示的页面。

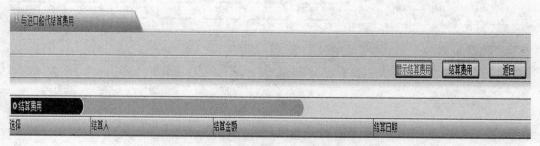

图 10 – 179　与进口船代结算费用页面

⑪单击右上方的【结算费用】,弹出结算费用单据,如图 10 – 180 所示:

⑫在单据中填写相应的信息,单击右上方的【保存】,完成与进口船代的费用结算工作。

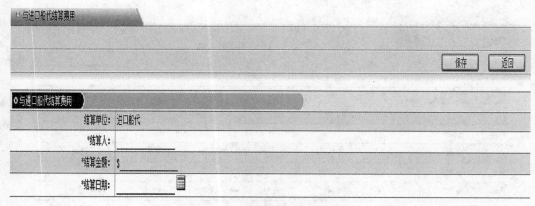

图 10 –180 结算费用单据页面

⑬在货代平台，在左边菜单栏单击【提货管理】→【堆场提货】，可以看到如图 10 –181 所示的页面。

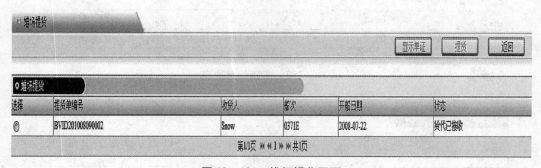

图 10 –181 堆场提货页面

⑭选中提货单，单击右上方的【提货】，完成提货作业。

（4）提货作业

①切换角色图到"运输车队"，进入运输车队平台，在左边菜单栏单击【提货作业】→【出车提货】，可以看到如图 10 –182 所示的页面。

②选择要发出的车辆（注意车牌号、车型和载重量），单击右上方的【出车】，完成出车业务。

③在左边菜单栏单击【提货作业】→【提货】，可以看到如图 10 –183 所示的页面。

④选中提货单，单击右上方的【提货】，完成提货作业。

（5）提货单管理

①切换角色图到"港口堆场"，进入堆场平台，在左边菜单栏单击【提货单管理】→【接收提货单】，可以看到如图 10 –184 所示的页面。

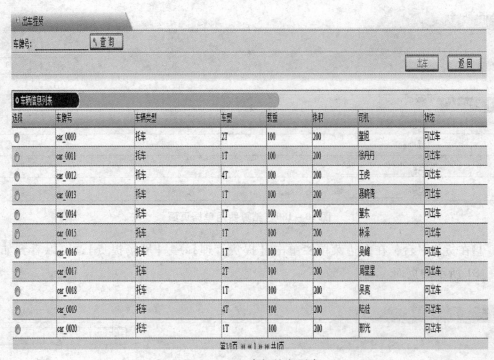

图 10－182　车辆信息列表

图 10－183　提货单信息列表

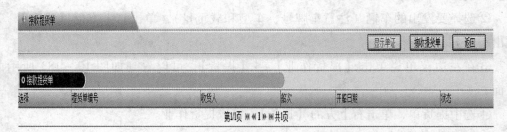

图 10－184　接收提货单页面

②单击右上方的【接收提货单】，进入提货单的详细信息界面。核对无误后，单击

【保存】以完成港口堆场接收提货单的工作。

③在堆场平台，在左边菜单栏单击【提货单管理】→【交货】，可以看到如图10－185 所示的页面。

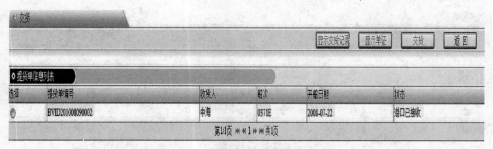

图 10－185　提货单信息列表

④选择要交的提货单，单击右上方的【交货】，出现如图 10－186 所示的页面。

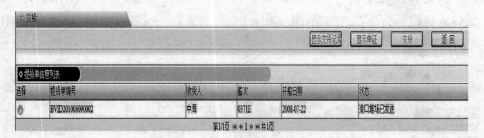

图 10－186　交货记录列表

⑤单击右上方的【发货】，完成港口堆场的交货作业。

（6）重箱作业

①切换角色图到"运输车队"，进入运输车队平台，在左边菜单栏单击【重箱作业】→【交货】，可以看到如图 10－187 所示的页面。

![图10-187提货单信息列表界面]

图 10－187　提货单信息列表

②选择要交的提货单，单击右上方的【交货】，弹出交货记录列表，再单击右上方的【交货】，完成运输车队的交货业务。

（7）交货管理

①切换角色图到"货代"，进入货代平台，在左边菜单栏单击【交货管理】→【提货确认】，可以看到如图 10 – 188 所示的页面。

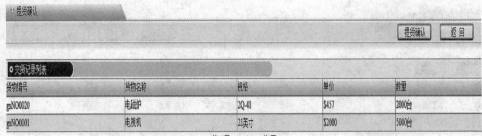

图 10 – 188　提货确认页面

②弹出一个交货记录列表，核对无误后，单击右上方的【提货确认】，完成进口货代的提货确认工作。

③进入货代平台，在左边菜单栏单击【交货管理】→【结算费用】，可以看到如图 10 – 189 所示的页面。

图 10 – 189　与进口运输车队结算费用页面

④单击右上方的【结算费用】，弹出结算费用的具体信息，填写好结算人，结算金额，结算日期后，单击右上方的【保存】，完成进口货代与运输车队的费用结算工作。

⑤进入货代平台，在左边菜单栏单击【交货管理】→【交货】，可以看到如图10 – 190 所示的页面。

图 10 – 190　交货记录列表

⑥单击右上方的【交货】，完成进口货代的交货工作。

（六）订舱业务实训

1. 选择实验任务

（1）在实验任务列表中选中要进行的实验任务，然后点击【确定】按钮进入实验，如图 10 – 191 所示：

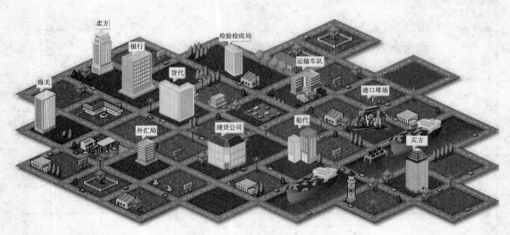

图 10 – 191 实验任务选择页面

（2）进入实验任务信息界面，点【开始实验】按钮，进入角色页面，如图10 – 192 所示：

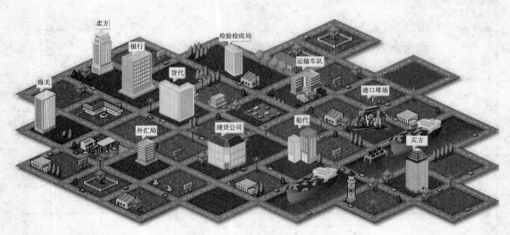

图 10 – 192 角色页面

2. 订舱业务实操

（1）申请订舱

①在角色页面，选择"货代"角色，进入货代平台。

②在货代平台，在左边菜单栏单击【订舱管理】→【申请订舱】，如图 10 – 193 所示：

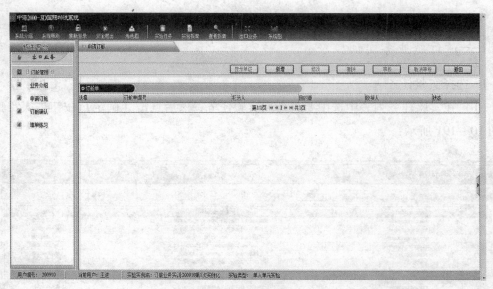

图 10－193　申请订舱页面

③单击页面上方的【新增】，出现订舱单，如图 10－194 所示：

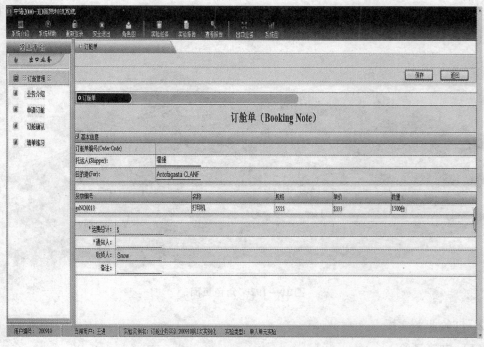

图 10－194　订舱单页面

④在弹出的订舱单中填写相应的信息，可以参照案例，确认无误后单击右上方的【保存】，出现如图 10－195 所示的界面。

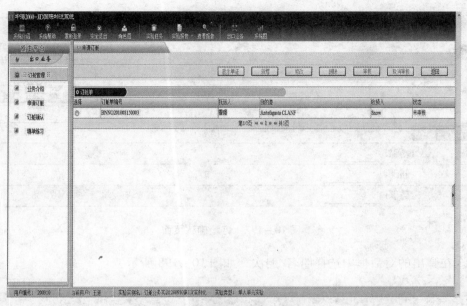

图 10 – 195　订舱单列表

⑤选中已经完成信息的订舱单，单击右上方的【审核】，完成订舱的申请工作。

（2）船代订舱确认

①切换角色图到"船代"，进入船代订舱业务平台，在左边菜单栏单击【订舱作业】→【订舱确认】，显示如图 10 – 196 所示页面。

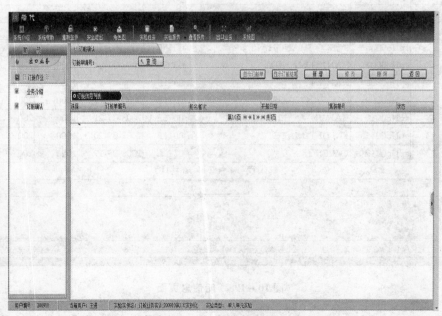

图 10 – 196　船代订舱业务平台页面

②在页面上方单击【新增】，出现如图 10－197 所示的页面。

图 10－197　订舱确认页面

③在弹出的对话框中选择船名/船次，如图 10－198 所示：

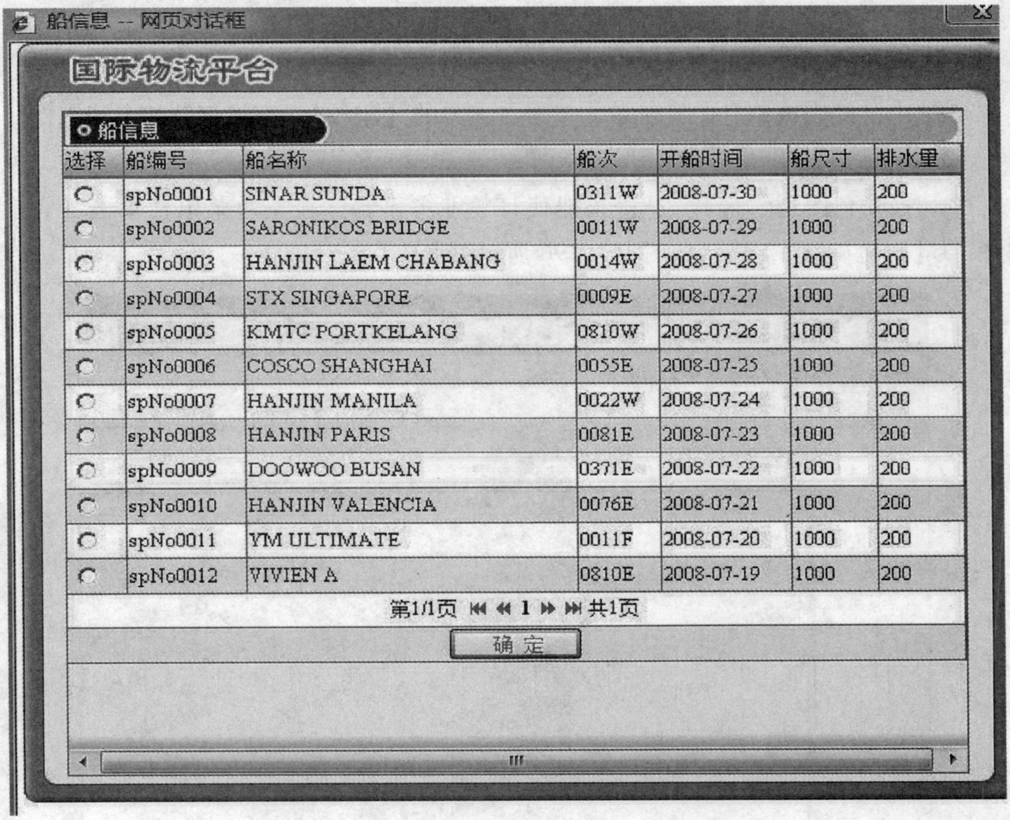

选择	船编号	船名称	船次	开船时间	船尺寸	排水量
○	spNo0001	SINAR SUNDA	0311W	2008-07-30	1000	200
○	spNo0002	SARONIKOS BRIDGE	0011W	2008-07-29	1000	200
○	spNo0003	HANJIN LAEM CHABANG	0014W	2008-07-28	1000	200
○	spNo0004	STX SINGAPORE	0009E	2008-07-27	1000	200
○	spNo0005	KMTC PORTKELANG	0810W	2008-07-26	1000	200
○	spNo0006	COSCO SHANGHAI	0055E	2008-07-25	1000	200
○	spNo0007	HANJIN MANILA	0022W	2008-07-24	1000	200
○	spNo0008	HANJIN PARIS	0081E	2008-07-23	1000	200
○	spNo0009	DOOWOO BUSAN	0371E	2008-07-22	1000	200
○	spNo0010	HANJIN VALENCIA	0076E	2008-07-21	1000	200
○	spNo0011	YM ULTIMATE	0011F	2008-07-20	1000	200
○	spNo0012	VIVIEN A	0810E	2008-07-19	1000	200

图 10－198　船信息页面

选择船名/船次后，单击下方的【确认】，按照同样的方式再选择集装箱号，如图 10－199 所示：

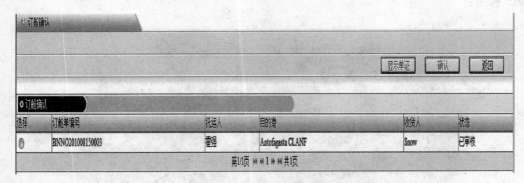

	COSU8001241	COSU8001241	容积:569*213*218配货:17.5吨;体积:24-26方	OT	56921318	20
	COSU8001257	COSU8001257	容积:569*213*218配货:17.5吨;体积:24-26方	HC	569213218	20
	COSU8001262	COSU8001262	容积:569*213*218配货:17.5吨;体积:24-26方	FR	569213218	20
	COSU8001278	COSU8001278	容积:569*213*218配货:17.5吨;体积:24-26方	HI	56921318	20
	COSU8001283	COSU8001283	容积:1180*213*218配货:22吨;体积:54方	GP	118021218	40
	CRXU9827600	CRXU9827600	容积:1180*213*218配货:22吨;体积:54方	PF	118021218	40
	DFSU6043560	DFSU6043560	容积:1180*213*218配货:22吨;体积:54方	RF	118021318	40
	ECMU9666715	ECMU9666715	容积:1180*213*218配货:22吨;体积:54方	OT	11801318	40
	FCIU2108674	FCIU2108674	容积:1180*213*218配货:22吨;体积:54方	HI	11801318	40
	MSCU7719522	MSCU7719522	容积:1180*213*218配货:22吨;体积:54方	TK	118013218	40
	TGHU7083236	TGHU7083236	容积:1180*213*218配货:22吨;体积:54方	FR	11801318	40

第1/2页 ◄◄ 1 2 ►► ►►| 共2页

确 定

图 10 - 199　集装箱号信息页面

填写完这些相应信息，核对无误后，单击右上方的【确认】，完成船代的订舱确认业务。

（3）货代订舱确认

①切换角色图到"货代"，进入货代订舱业务平台，在左边菜单栏单击【订舱管理】→【订舱确认】，显示如图 10 - 200 所示页面。

订舱确认

显示单证　确认　返回

◑订舱确认

| 选择 | 订舱单编号 | 托运人 | 目的港 | 收货人 | 状态 |
| | BNNO201008150003 | 霍强 | Antofagasta CLANF | Snow | 已审核 |

第1/项 ◄◄ 1 ►► 共项

图 10 - 200　订舱单列表

②选中订舱单，单击右上方的【确认】，显示如图 10 - 201 所示的界面。

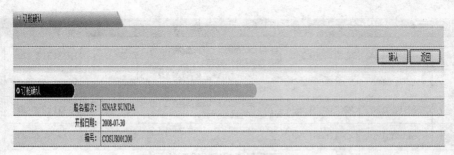

图 10 – 201　订舱确认页面

③在上述界面中，单击右上方的【确认】，完成货代方的订舱确认业务。

（七）提箱业务实训

1. 选择实验任务

（1）在实验任务列表中选中要进行的实验任务，然后点击【确定】按钮进入实验，如图 10 – 202 所示：

图 10 – 202　实验任务选择页面

（2）进入实验任务信息界面，点【开始实验】按钮，进入角色页面，如图 10 – 203 所示：

图 10 – 203　角色页面

2. 提箱业务实操

（1）提箱

①在角色页面，选择"货代"角色，进入货代平台。

②在货代平台，在左边菜单栏单击【提箱管理】→【提取空箱】，如图 10 - 204 所示：

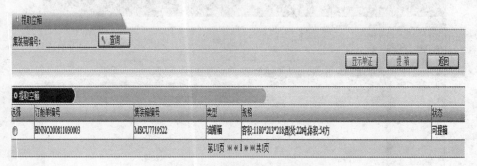

图 10 - 204　提取空箱页面

③选中订舱单，单击右上方的【提箱】，完成货代的提箱工作。

（2）出车提空箱

①切换角色图到"运输车队"，进入运输车队业务平台，在左边菜单栏单击【空箱作业】→【提空箱】，显示如图 10 - 205 所示页面。

图 10 - 205　提空箱页面

②根据货车的类型、载重量等因素，在弹出的页面中选择要出动的车辆，单击右

上方的【出车】，完成运输车队的出车业务。

（3）堆场发放空箱

①切换角色图到"港口堆场"，进入港口堆场业务平台，在左边菜单栏单击【空箱作业】→【发放空箱】，显示如图 10 - 206 所示页面。

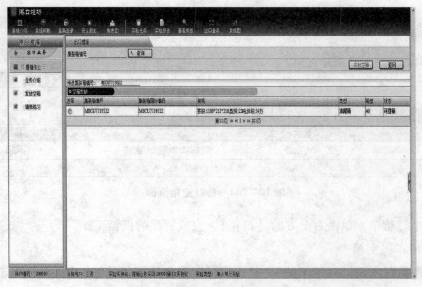

图 10 - 206　发放空箱页面

②选择要进行发空箱的集装箱，单击右上方的【发放空箱】，显示如图 10 - 207 所示的页面。

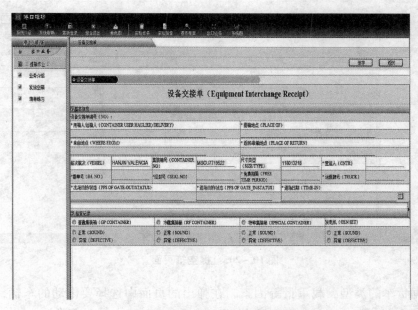

图 10 - 207　设备交接单页面

③在设备交接单页面中填写相应的信息，确认无误后单击右上方的【保存】，完成港口堆场的空箱发放业务。

（4）提箱确认

①切换角色图到"货代"，进入货代业务平台，在左边菜单栏单击【提箱管理】→【提箱确认】，显示如图 10 - 208 所示页面。

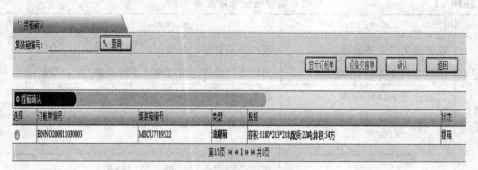

图 10 - 208 提箱确认页面

②选择要进行提箱的订舱单，单击右上方的【确认】，弹出设备交接单的信息，如图 10 - 209 所示：

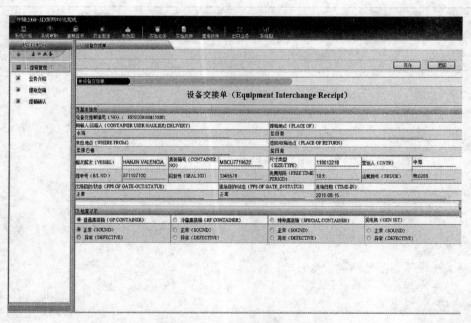

图 10 - 209 设备交接单页面

③核对设备交接单的详细信息，确认无误后单击右上方的【保存】，完成货代的提箱确认工作。

五、实训考核

模拟软件会对每个账号自动生成实训报告一份,由教师端收集并保存实训报告,对实训报告进行考核所依据的标准如表 10 – 1 所示:

表 10 – 1　　　　　　　　　　实训报告考核标准

	考核内容	内容标准	分值	得分
报告内容	物流进出口业务流程	流程是否完整、合理	25	
	出口货代业务的管理模式	出口货代业务的管理模式掌握准确	20	
	订舱业务的具体操作	熟练掌握订舱业务的具体操作	20	
	国际物流中提箱业务的流程和操作	熟练掌握国际物流中提箱业务的流程和操作	20	
	综合素质表现	实训过程中敬业精神、组织协调能力及团队合作精神等的表现	10	
格式	格式正确,排版美观		5	
总分			100	

参考文献

［1］刘建清. 物流管理基础实训指导［M］. 北京：中国农业出版社，2010.

［2］谈慧. 物流管理综合实训［M］. 大连：大连理工大学出版社，2010.

［3］董绍华. 物流管理实验实训［M］. 北京：中国物资出版社，2011.

［4］陈百建. 物流实验实训教程［M］. 北京：化学工业出版社，2009.

［5］范珍. 物流管理案例与实训［M］. 武汉：武汉理工大学出版社，2008.

［6］梁军. 物流采购与供应管理实训［M］. 北京：中国劳动社会保障出版社，2006.

［7］姜大力. 物流仓储与配送管理实训［M］. 北京：中国劳动社会保障出版社，2006.

［8］夏文汇. 物流管理案例与实训［M］. 成都：西南财经大学出版社，2011.

［9］傅莉萍. 物流成本管理实训［M］. 大连：大连理工大学出版社，2011.

［10］缪立新. 物流管理系统实训［M］. 北京：清华大学出版社，2013.

［11］马跃月. 物流管理与实训［M］. 北京：清华大学出版社，2013.

［12］曾剑. 物流管理基础［M］. 北京：机械工业出版社，2012.

［13］丁立言. 物流配送［M］. 北京：清华大学出版社，2010.

［14］李蔚田. 物流管理基础［M］. 北京：北京大学出版社，2010.

［15］冯耕中. 物流成本管理［M］. 北京：中国人民大学出版社，2010.

［16］廖小平. 现代物流采购与管理［M］. 北京：科学出版社，2012.

［17］张芮. 配送中心运营管理［M］. 北京：中国物资出版社，2011.

附录 国际物流业务常用表单

海运提单

BILL OF LADING

1）SHIPPER	10）B/L No.
2）CONSIGNEE	**C O S C O**
3）NOTIFY PARTY	中国远洋运输（集团）总公司
4）PLACE OF RECEIPT / 5）OCEAN VESSEL	CHINA OCEAN SHIPPING (GROUP) CO.
6）VOYAGE NO. / 7）PORT OF LOADING	ORIGINAL
8）PORT OF DISCHARGE / 9）PLACE OF DELIVERY	COMBINED TRANPORT BILL OF LADING

11）MARKS 12）NOS. &KINDS OF PKGS 13）DESCRIPTION OF GOODS 14）G. W. （kg）
15）MEAS（m³）

16）TOTAL NUMBER OF CONTAINERS OR PACKAGES（IN WORDS）

FREIGHT & CHARGES	REVENUE TONS	RATE	PER	PREPAID	COLLECT

PREPAID AT	PAYABLE AT	17）PLACE AND DATE OF ISSUE
TOTAL PREPAID	18）NUMBER OF ORIGINAL B (S) L	
LOADING ON BOARD THE VESSEL 19）DATE		20）BY

— 196 —

附表 2

收货单

中国外轮代理公司

CHINA OCEAN SHIPPING AGENCY

收货单

SHIPPING ORDER

S/O No.

船名 目的港

S/S _____ For _____

托运人

Shipper _____

下列货物状况良好已收妥无损

Received in board the following goods apparent in good order condition：

标记及号码 Marks & Nos.	件数 Quantity	货名 Description of Goods	毛重量千克 Gross Weight in Kilos

共计件数（大写）

Total Number of Packages in Writing

_____

日期 时期

Date _____ Time _____

装入何舱

Stowed _____

实收

Received _____

理货员签名 大 副

Tallied By _____ Chief Officer _____

附表3 装货单

中国外轮代理公司

CHINA OCEAN SHIPPING AGERCY

装货单

SHIPPING ORDER

S/O No. _____

船名 目的港

S/S _____ For _____

托运人

Shipper _____

将下列状况良好的货物装舱后签署收货单

Receive on board the undermentioned goods apparent in good order and ckndition and sign

the accompanying receipt for the same.

标记及号码 Marks & Nos.	件数 Quantity	货名 Description of Goods	毛重量千克 GrossWeight in Kilos

共计件数（大写）

Total Number of Packages in Writing _____

日期 时期

Date _____ Time _____

装入何舱

Stowed

实收

Received

理货员签名 经办员

Tallied By _____ Approved by _____

附表 4　　　　　　　　　　　　集装箱货物托运单

Shipper：（发货人）		
Consignee：（收货人）		D/R No.（编号）
Notify party：（通知人）		集装箱货物托运单
Pre – carriaged by：（前程运输）　place of receipt：收货地点		
Ocean vessel：船名　　　　　　place of delivery：交货地点 final destination：目的地		

Container no 集装箱号	Seal no & marks & nos 铅封号，标志号	No of container or p'kgs 箱数或件数	Kind of packages； description of goods 包装种类 与货名	Gross weight 毛重	Measurement 尺码/立方数
Total number of containers of packages（in words） 集装箱或件数合计（大写）					

Freigh & charges 运费与附加费	Revenue tons 运输吨	Rate 运费率	Per 每	prepaid 运费预付	collect 到付
Ex. rate 兑换率	Prepaid at 预付地点	Payable at 到付地点		Place of issue 签发地点	
	Total prepaid 预付金额	No of original b/l 正本提单份数			

Service type on receiving CY	Serivice type on delivery CY 场站	
Transshipment： permitted 允许	Partial shipment： prohibited（阻止）	提单签发：
Date of shipment	period of validity 有效期	

Amount（usd）

制单日期：

附表 5 空运出口货物委托书

From Shipper（发货人）		To The Agent	Export Licence No.
			Cert. of Origin No.
Consignee（收货人）			
Notify Party（通知人）		Airfreight （空运费） Charges □To be prepaid（预付） □ To be collected（到付） （if services available）	
MAWB No.	HAWB NO.	Other Charge（其他费用） □ To be prepaid（预付） □ To be collected（到付）	
Flight/Date（航班/日期）	Departures Airport（起运港）	Country of Origin（Goods）（货物原产地） Booking No.	
Destination（目的港）	Airline Counter Signature □Yes □No		

唛头、包装、数量及品名描述

Specify Currency	Declared Value for Customs	Declared Value for Carriage	Insurance Amount	Shipper's C. O. D.

Documents to accompany airwaybill or house airwaybill（随机文件）——————————

Packing List □ Commercial Invoice □ Certificate of Origin □ Form A □

REMARKS（备注）:	Signatory's Name in Block Letter
	Signature & Stamps
	Date （ 日 期） Month/Year/Day

All transactions are subject to the Company's Standard Trading Conditions（copy is available upon request）which in certain circumstances limit or exempt the Company's liability.

附表6　　　　　　　　**国际铁路代理出口委托书**

运编号：_____

合同号：_____

发货人：	需在运单发货栏显示
	请在方框内选择打勾
	□委托人
	□发货人

收货人：

通知人：

始发站：	通过的国境站：	到站及代码：

唛头标记	件数	包装	货名	体积	毛重	净重

商品编码：	柜型柜量：	装柜时间：
报关方式：口岸报关　□ 　　　　　起运地报关□	报关单证：客户提供　□ 　　　　　　Neptune 提供□	商检：是　□ 　　　　否　□
可否分批装运：　结汇方式：	信用证号：	装运期限：

装柜地址联系方式		费用 1. 全程运费： 2. 拖车费： 3. 报关费： 4. 保价费： 5. 其他费用：

备注	1. 发货人保证本委托书的内容属实，保证单证货物相符。 2. 发货人保证遵守国家法律法规和行政规章。如果由于发货人的行为造成被委托人被处罚，则一切责任均由发货人承担。 3. 变更本委托书的任何有关内容，必须由发货人书面通知被委托人，否则被委托人仍按原委托书履行。 4. 对危险物品，超大、超重货物，发货人应向被委托人特别说明。 5. 机械设备等重货要注意货物重量不能超过 21.5 吨/20'GP，24.5 吨/40'GP，重心务必居中，绝对不能偏载。	委托人签名及盖章

委托日期：20　年　　月　　日

附表7

海运出口委托书
Seaborne Exports Orders

经营单位（托运人）Businessunits（shipper）			委托公司编号 No. Company commissioned	
提单 Bill of lading	发货人：Consignor：		托运人编号 No. Shipper.	
	收货人：Consignee：		合同号 No. Contract	
	通知人：Inform people：		信用证号 Letters of credit No	
			贸易国别 National trade	

| 付费方式 Pays way | | 是否要求代报关 Asking generation declaration | 是 否 Yes No | 提单 Bill of lading | 正本 Original | 张 Copies T |
					副本 Copy	
起运港 Ports of embarkation	目的港 Purpose port	可否转运 Whether transit		可否分批 Whether in batches		
船名 Ship name	航次 Voyage	开航日 Sailing date		所订船公司 Shipping companies set		

标记唛码 Mark code marking	件数及包装名 A number of packaging and name	中、英文货名 Chinese and English descriptions	总毛重（kg）Weight	总体积（m³）Total volume（cubic meters）	成交条件（总货价）Bargain（total value）

续 表

箱型箱量 Box – box volume	门点装箱地点 Gate Point crating locations				
	电话 Telephone		联系人 Contact		休息日 Rest day
货物备妥日期 Goods available dates		特种集装箱要求 Special containers for Request		冷藏货 Frozen goods	危险品 Dangerous Goods
重大件货物 Major pieces of cargo	最重件：每件毛重 ##kg Most cases：each Weight ##kg	最大件：每件长　　cm×宽　　cm×高　　cm Largest pieces：each Long　　Wide　　High　　cm			
客户要求 Customer demand		托运人 Shipper	姓名 name		
			地址 Address		
			电话 Telephone		
			传真 Fax		
备注 Remarks			签章 Signature		
运费确认 Freight confirmed		制单日期 Single – date system	年 year	月 months	日 day

附表8　　　　　　　　　　　国际货物托运书

国 际 货 物 托 运 书
SHIPPER'S LETTER OF INSTRUCTION

托运人姓名、地址、电话号码 Shipper's Name, Address & Telephone No.	托运人账号 Shipper's Account Number	航空货运单号码 Air Waybill Number	
		安全检查 Safety Inspection	
收货人姓名、地址、电话号码 Consignee's Name, Address & Telephone No.	收货人账号 Consignee's Account Number	是否定妥航班日期吨位　Booked	
		航班/日期 Flight/Date	航班/日期 Flight/Date
		预付　PP	到付　CC
		供运输用声明价值 Declared Value for Carriage	供海关用声明价值 Declared Value for Customs

始发站 Airport of Departure	目的站 Airport of Destination		保险价值 Amount of Insurance
填开货运单的代理人名称 Issuing Carrier's Agent Name			
储运注意事项及其他　Handling Information and Others			随付文件　Document to Accompany Air Waybill

续　表

件数 No. Of Pcs 运价点 RCP	毛重（kg） Gross Weight（kg）	运价种类 Rate Class	商品代号 Comm. Item No.	计费重量（kg） Chargeable Weight（kg）	费率 Rate	货物品名（包括包装、尺寸或体积） Nature and Quantity of Goods （Incl. Packaging. Dimensions or Volume）

托运人证实以上所填内容全部属实并愿意遵守承运人的一切运输章程。
The shipper certifies that the particulars on the face hereof are correct and the conditions of carriage of the carrier.
托运人或其代理人签字、盖章
Signature of Shipper or His Agent

_____

航空运费和其他费用　　Weight Charge and Other Charge

承运人签字
Signature of Issuing Carrier or Its Agent
_____

日期
Data _____

附表 9

装箱单
日期
PACKING LIST

Date：＿＿＿＿＿＿

发票编号
Invoice No：＿＿＿＿

客　户
To Messrs：＿＿＿＿　Contract No：＿＿＿＿

合　约　号

船名
Shipped by ＿＿＿＿＿＿

付款条件
Terms　of　Payment：＿＿＿

由　　　　至
From ＿＿ to ＿＿

箱号 Ctn. No.	货物名称及规格 Description	总箱数 Ge. Grate	总数量 Ge. Quantity	总毛重 G. W.	总净重 N. W.
合计 Total					

唛头

Marks

附表 10　　　　　　　　　中华人民共和国海关出口货物报关单

出口口岸		备案号	出口日期	申报日期
经营单位		运输方式	运输工具名	提运单号
发货单位		贸易方式	征免方式	结汇方式
许可证号		运抵国（地区）	指运港	境内货源地
批准文号	成交方式	运费	保费	杂费
合同协议号	件数	包装种类	毛重（kg）	净重（kg）
集装箱号：	随附单据			生产厂

标记唛码及备注

项号　商品编号　商品名称，规格型号　数量及单位　终目的国（地区）单价
总价　　　　币制征免

税费征收情况

录入员　录入单位　兹声明以上申报物质无诈并承担法律责任	海关审单批注及放行日期
报关员	审单　　　　　审价
单位地址　　　　　申报单位（签章）	征税　　　　　统计
邮编　　　　电话　　　　　填制日期	查验　　　　　放行